Dr. Oetker

heute mal Aufläufe vegetarisch!

Dr. Oetker

heute mal Aufläufe vegetarisch!

Dr. Oetker Verlag

Schicht für Schicht – ein Gedicht!

Ohne Fleisch gesund essen und satt werden?

Kein Problem: Diese fein geschichteten oder bunt gemischten Aufläufe für 4 Personen überzeugen Vegetarier und Gelegenheits-Fleischesser. Gemüse, Getreide, Hülsenfrüchte, Nudeln oder Kartoffeln kommen von handfest bis exotisch aus dem Backofen.
Vegane Gerichte sind extra gekennzeichnet.
Aufläufe kann man immer wieder saisonal variieren, gut vorbereiten und einfach zubereiten.

Sie werden begeistert sein!

Einfach alles im Blick...

● = vegan ● = international ● = raffiniert ● = schnell ● = leicht ● = familientauglich

Aufläufe mit Gemüse

Aufläufe mit Getreide & Hülsenfrüchten

Weitere Aufläufe mit Getreide & Hülsenfrüchten

Aufläufe mit Nudeln & Kartoffeln

Aufläufe mit Gemüse

Frisches saisonales Gemüse gibt es zu jeder Jahreszeit: Richtig vorbereitet, raffiniert geschichtet und schön gegart kommt es als „immer-wieder-anderer Auflauf“ aus dem Ofen. Da wird es der Familie oder den Freunden bestimmt nicht langweilig.

Macht satt und macht Spaß!

Zubereitungszeit: **60 Minuten** | Garzeit: etwa **40 Minuten**

Kohlrabi-Möhren-Auflauf

4 Portionen | Pro Portion: E: **29** g, F: **31** g, Kh: **18** g, kJ: **1961**, kcal: **469**, BE: **1,5**

500 g Möhren
500 g Kohlrabi
2 EL Butter (20 g)
2 EL Sojasauce
Salz
gem. Pfeffer

1 Stange Porree (Lauch)
1 Knoblauchzehe
1 EL Butter (10 g)
500 g Speisequark (20 % Fett)
3 Eier (Größe M)
100 ml Milch (3,5 % Fett)

3 EL gehackte Petersilie
½ gestr. TL Kräutersalz
50 g ger. Gouda
2 EL Sesamsamen
2 EL Butter (20 g)

etwas gehackte Petersilie

1 Möhren putzen. Möhren und Kohlrabi schälen, abspülen, abtropfen lassen und in dünne Scheiben schneiden oder hobeln.

2 Butter in einer großen Pfanne zerlassen. Möhren- und Kohlrabischeiben darin zugedeckt unter gelegentlichem Rühren etwa 10 Minuten dünsten. Gemüse mit Sojasauce, Salz und Pfeffer würzen.

3 Den Backofen vorheizen. Ober-/Unterhitze: etwa 180 °C, Heißluft: etwa 160 °C.

4 In der Zwischenzeit den Porree putzen, die Stange längs halbieren, gründlich waschen, abtropfen lassen und in dünne Scheiben schneiden. Knoblauch abziehen und in kleine Würfel schneiden.

5 Butter in einer Pfanne zerlassen. Die Porreescheiben und Knoblauchwürfel bei mittlerer Hitze darin unter gelegentlichem Rühren andünsten.

6 Quark mit den Eiern und der Milch in einer Schüssel gut verrühren. Petersilie und Kräutersalz unterrühren. Die Quarkmasse mit Pfeffer würzen. Die Porree-Knoblauch-Masse hinzugeben und gut unterrühren.

7 Die Hälfte der Möhren- und Kohlrabischeiben in einer großen Auflaufform (gefettet) verteilen. Die Hälfte der Quarkmasse darauf verstreichen. Restliche Möhren- und Kohlrabischeiben darauflegen, dann die restliche Quarkmasse darauf verstreichen.

8 Die Zutaten mit Käse und Sesam bestreuen. Butter in Flöckchen daraufsetzen.

9 Die Form auf dem Rost in den vorgeheizten Backofen schieben. Den Auflauf **etwa 40 Minuten garen.**

10 Den Kohlrabi-Möhren-Auflauf mit Petersilie bestreuen und servieren.

ADVANCE
HAVEN

Zubereitungszeit: **30 Minuten, ohne Auftauzeit** | Garzeit: etwa **20 Minuten**

Eier im Béchamel-Safran-Spinatbett (Foto)

4 Portionen | Pro Portion: E: **22** g, F: **33** g, Kh: **5** g, kJ: **1720**, kcal: **414**, BE: **0,5**

1 kg TK-Blattspinat
2 Schalotten
1–2 Knoblauchzehen
1 EL Butter (10 g)
Salz, gem. Pfeffer
1 Msp. Safran
250 ml Béchamelsauce (aus dem Tetrapak)
100 g ger. Emmentaler
4 Eier (Größe M)
1 EL Butter (10 g)

1 Blattspinat nach Packungsanleitung auftauen lassen.

2 Schalotten und Knoblauch abziehen, fein hacken. Butter zerlassen. Schalotten und Knoblauch darin andünsten. Spinat leicht ausdrücken, hinzugeben und so lange dünsten, bis die Flüssigkeit weitgehend verdampft ist, mit Salz und Pfeffer würzen.

3 Den Backofen vorheizen. Ober-/Unterhitze: etwa 200 °C, Heißluft: etwa 180 °C.

4 Safran unter die Béchamelsauce rühren. Den Spinat mit der Safran-Béchamel-Sauce und etwa der Hälfte des Käses in einer großen Auflaufform (gefettet) vermischen.

5 Vier Mulden in die Spinat-Saucen-Mischung drücken. Je 1 Ei hineingleiten lassen. Restlichen Käse darauf verteilen. Die Butter in Flöckchen daraufsetzen. Die Form auf dem Rost in den vorgeheizten Backofen schieben. Das Ganze **etwa 20 Minuten garen.**

6 Auflauf mit Pfeffer bestreut servieren.

Zubereitungszeit: **30 Minuten, ohne Auftauzeit** | Garzeit: etwa **50 Minuten**

Kartoffel-Spinat-Auflauf

4 Portionen | Pro Portion: E: **14** g, F: **8** g, Kh: **34** g, kJ: **1149**, kcal: **274**, BE: **3,0**

450 g TK-Blattspinat
1 kg festkochende Kartoffeln
Salz, gem. Pfeffer
ger. Muskatnuss
125 ml Milch (3,5 % Fett)
125 ml Gemüsebrühe
125 g abgetropfter Mozzarella
2 EL Schnittlauchröllchen

1 Blattspinat nach Packungsanleitung auftauen lassen.

2 Den Backofen vorheizen. Ober-/Unterhitze: etwa 200 °C, Heißluft: etwa 180 °C.

3 Kartoffeln schälen, abspülen, abtropfen lassen, in feine Scheiben schneiden, dachziegelartig in eine große Auflaufform (gefettet) schichten. Spinat leicht ausdrücken, mit Salz, Pfeffer und Muskat würzen, dazwischen verteilen.

4 Milch mit Brühe erhitzen, mit Salz, Pfeffer und Muskat würzen. Kartoffeln und Spinat damit übergießen. Die Form auf dem Rost in den vorgeheizten Backofen schieben. Kartoffel-Spinat-Auflauf **etwa 25 Minuten garen.**

5 Mozzarella klein würfeln mit den Schnittlauchröllchen auf dem Auflauf verteilen. Auflauf **weitere etwa 25 Minuten garen.**

Zubereitungszeit: **45 Minuten** | Garzeit: **30–35 Minuten**

French-Toast-Auflauf

4 Portionen | Pro Portion: E: **29** g, F: **36** g, Kh: **51** g, kJ: **2696**, kcal: **646**, BE: **4,0**

3 rote Paprikaschoten
(je etwa 250 g)
275 g Zucchini
1 Knoblauchzehe
2 EL Olivenöl

Salz
gem. Pfeffer
12 Scheiben Toastbrot
50 g Pesto Rosso
(aus getrockneten Tomaten)

200 g abgetropfter Mozzarella
2 Eier (Größe M)
200 ml Milch (1,5 % Fett)
75 g fein ger. Parmesan
1 Zweig Rosmarin

1 Den Backofengrill (etwa 240 °C) vorheizen.

2 Paprikaschoten vierteln, entstielen, entkernen und die weißen Scheidewände entfernen. Schotenviertel abspülen, trocken tupfen und mit der Hautseite nach oben auf ein Backblech (gefettet) legen. Das Backblech unter den vorgeheizten Backofengrill schieben. Die Paprikaviertel so lange rösten, bis die Haut dunkel wird und Blasen wirft (6–8 Minuten).

3 Das Backblech auf einen Rost stellen. Die Paprikaviertel mit einem feuchten Geschirrtuch belegen und etwas abkühlen lassen. Paprikastücke enthäuten.

4 Zucchini abspülen, abtrocknen und die Enden abschneiden. Zucchini in etwa 1 cm dicke Scheiben schneiden. Den Knoblauch abziehen und in dünne Scheiben schneiden.

5 Olivenöl in einer großen Pfanne erhitzen. Zucchini- und Knoblauchscheiben darin bei starker Hitze von beiden Seiten kurz anbraten, mit Salz und Pfeffer würzen.

6 Die Toastbrotscheiben im Toaster goldbraun rösten oder unter dem vorgeheizten Backofengrill von beiden Seiten rösten.

7 Den Backofen vorheizen. Ober-/Unterhitze: etwa 180 °C, Heißluft: etwa 160 °C.

8 Die Toastbrotscheiben auf einer Seite mit Pesto bestreichen. Die Hälfte der Brotscheiben mit der bestrichenen Seite nach oben nebeneinander in eine große, rechteckige Auflaufform (gefettet) legen. Die Paprikaviertel und Zucchinischeiben darauflegen.

9 Mozzarella auseinanderzupfen, auf den Brotscheiben verteilen. Die restlichen Brotscheiben mit der bestrichenen Seite nach unten darauflegen, etwas andrücken.

10 Eier mit Milch und Parmesan verschlagen, mit Salz und Pfeffer würzen. Eier-Parmesan-Milch auf dem Auflauf verteilen.

11 Rosmarin abspülen und trocken tupfen. Die Nadeln von dem Zweig zupfen. Den Auflauf mit Rosmarinnadeln bestreuen. Die Form auf dem Rost im unteren Drittel in den vorgeheizten Backofen schieben. Den French-Toast-Auflauf **30–35 Minuten garen.**

Frühlingsgemüse-Auflauf

(Titelrezept)

4 Portionen | Pro Portion: E: **20** g, F: **31** g, Kh: **10** g, kJ: **1686**, kcal: **403**, BE: **1,0**

- 1 ¼ kg gemischtes Gemüse (z. B. Kohlrabi, Möhren, Brokkoli, Blumenkohl, grüner und weißer Spargel)
- 1 l Wasser
- 1 TL Salz

- 1 Knoblauchzehe
- 200 g Schlagsahne
- 2 Eier (Größe M)
- gem. Pfeffer
- ger. Muskatnuss

- 100 g ger. Emmentaler
- 50 g ger. Parmesan

1 Kohlrabi und Möhren putzen, schälen, abspülen und abtropfen lassen. Kleine Kohlrabiblätter beiseitelegen. Kohlrabi in Scheiben und Möhren in Stücke schneiden oder längs vierteln. Brokkoli und Blumenkohl putzen, abspülen, abtropfen lassen und in kleine Röschen teilen. Die Brokkolistängel schälen.

2 Den Spargel schälen und die unteren Enden abschneiden (grünen Spargel nur im unteren Drittel schälen). Spargel in 2–3 cm lange Stücke schneiden.

3 Das Wasser in einem Topf zum Kochen bringen. Das Salz hinzufügen. Das Gemüse portionsweise jeweils 2–3 Minuten darin vorgaren. Gemüse mit einem Schaumlöffel aus dem Topf nehmen und in einem Sieb abtropfen lassen. Das Gemüse in eine große Auflaufform (gefettet) einschichten.

4 Den Backofen vorheizen. Ober-/Unterhitze: etwa 180 °C, Heißluft: etwa 160 °C.

5 Knoblauch abziehen und durch eine Knoblauchpresse drücken oder fein hacken. Sahne und Eier mit einem Schneebesen verschlagen, mit Knoblauch, Salz, Pfeffer und Muskat würzen.

6 Die Eiersahne auf das Gemüse gießen. Beide Käsesorten daraufstreuen. Die Auflaufform auf dem Rost in den vorgeheizten Backofen schieben. Auflauf **20–30 Minuten garen.**

7 Die beiseitegelegten Kohlrabiblätter abspülen, trocken tupfen und fein hacken. Den Auflauf damit bestreuen und servieren.

Tipps: Je nach Jahreszeit kann man auch andere Gemüsesorten wie Paprikaschoten, rote Zwiebeln, Bohnen, Fenchel, Knollensellerie, Porree, Rosenkohl, Staudensellerie, Steckrüben oder Zuckerschoten verwenden. Sie können den Auflauf auch mit einigen glatten Petersilienblättchen garnieren und servieren.

Ricotta-Tomaten-Auflauf

4 Portionen | Pro Portion: E: **32** g, F: **54** g, Kh: **29** g, kJ: **3076**, kcal: **735**, BE: **2,0**

- 35 g getrocknete Soft-Tomaten
- 3 Zweige Rosmarin
- 40 g geröstete, gesalzene Mandeln
- 1 kg Ricotta (ital. Frischkäse)
- 5 Eier (Größe M)
- Salz
- gem. Pfeffer
- 300 g rote Cocktailtomaten
- 300 g gelbe Cocktailtomaten
- 1 Bio-Zitrone (unbehandelt, ungewachst)
- 30 g geröstete, gesalzene Pistazienkerne
- 3 EL flüssiger Honig
- 2 EL Olivenöl

1 Die Tomaten in kleine Stücke schneiden. Rosmarin abspülen, trocken tupfen und die Nadeln von den Stängeln zupfen. Die Nadeln fein schneiden. Die Mandeln fein hacken.

2 Etwa zwei Drittel der Rosmarinnadeln mit den Tomatenstückchen, den gehackten Mandeln, dem Ricotta und den Eiern verrühren. Die Ricotta-Masse mit Salz und Pfeffer würzen.

3 Die Ricotta-Masse in eine große Auflaufform (mit Backpapier ausgelegt oder gefettet) geben und verteilen.

4 Den Backofen vorheizen. Ober-/Unterhitze: etwa 200 °C, Heißluft: etwa 180 °C.

5 Die roten und gelben Cocktailtomaten abspülen, abtropfen lassen, halbieren und dabei evtl. die Stängelansätze herausschneiden. Die Tomatenhälften mit der Hand leicht ausdrücken, dabei die Kerne mit der Flüssigkeit auffangen und 3 Esslöffel davon abmessen. Die Tomatenhälften auf der Ricotta-Masse verteilen, mit Salz und Pfeffer bestreuen.

6 Die Form auf dem Rost in den vorgeheizten Backofen schieben. Den Auflauf **etwa 45 Minuten garen.**

7 Zum Servieren die Zitrone heiß abwaschen und abtrocknen. Mit einem Zestenreißer die Schale in Zesten abziehen.

8 Den Auflauf mit den restlichen Rosmarinnadeln, den Zitronenzesten und den Pistazienkernen bestreuen. Honig mit Olivenöl und Tomatenkernen verrühren, mit Salz und Pfeffer würzen. Die Honigmischung auf den Auflauf träufeln und den Tomaten-Ricotta-Auflauf sofort servieren.

Tipp: Dazu geröstetes Baguette oder Ciabatta reichen.

Zubereitungszeit: **35 Minuten** | Garzeit: **10–15 Minuten**

Mediterraner Gemüse-Quark-Auflauf

4 Portionen | Pro Portion: E: **19** g, F: **20** g, Kh: **17** g, kJ: **1350**, kcal: **323**, BE: **0,5**

1 Gemüsezwiebel
2 Knoblauchzehen
600 g Zucchini
je 1 rote, grüne und gelbe Paprikaschote

2 Tomaten
5 EL Olivenöl
Salz
gem. Pfeffer
50 g TK-Kräuter der Provence

Für die Quarkmasse:
250 g Magerquark
3 Eier (Größe M)
2 EL gehackte Petersilie

1 Zwiebel und Knoblauch abziehen, klein würfeln. Zucchini abspülen, abtrocknen und die Enden abschneiden. Zucchini evtl. längs halbieren und in Scheiben schneiden.

2 Paprikaschoten vierteln, entstielen, entkernen und die weißen Scheidewände entfernen. Paprika abspülen, abtropfen lassen und in Stücke schneiden. Tomaten abspülen, abtrocknen, halbieren, Stängelansätze herausschneiden. Die Tomaten in Stücke schneiden.

3 Jeweils die Hälfte des Olivenöls in 2 großen Pfannen erhitzen. In einer Pfanne Zwiebelwürfel und Paprikastücke unter Rühren bei mittlerer Hitze etwa 10 Minuten braten. In der zweiten Pfanne zuerst die Zucchinischeiben mit dem Knoblauch unter gelegentlichem Rühren braten. Zum Schluss noch die Tomatenstücke kurz mitbraten.

4 Den Backofen vorheizen. Ober-/Unterhitze: etwa 180 °C, Heißluft: etwa 160 °C.

5 Die Gemüsezutaten in einer großen Auflaufform (gefettet) mischen, mit Salz, Pfeffer und Kräutern der Provence würzen.

6 Für die Quarkmasse den Quark mit den Eiern verschlagen, mit Salz und Pfeffer würzen. Die Quarkmasse auf dem Gemüse verteilen.

7 Die Form auf dem Rost in den vorgeheizten Backofen schieben. Den Auflauf **10–15 Minuten garen,** bis die Quark-Eier-Masse gestockt ist.

8 Zum Servieren den Auflauf mit gehackter Petersilie bestreuen.

Zubereitungszeit: **45 Minuten** | Garzeit: **25–35 Minuten**

Winterauflauf mit Polenta-Nocken

4 Portionen | Pro Portion: E: **27** g, F: **40** g, Kh: **42** g, kJ: **2702**, kcal: **645**, BE: **3,5**

500 g Rosenkohl
1 TL Salz
150 g Staudensellerie
200 g Pastinaken
250 g Möhren
200 g Schlagsahne

500 ml Gemüsebrühe
gem. Pfeffer
ger. Muskatnuss

150 ml Milch (3,5 % Fett)
3 Eier (Größe M)

140 g Polenta (feiner Maisgrieß)
2–3 Stängel Salbei

200 g Ziegengouda mit Chili (Sambal) oder ein anderer Schnittkäse mit Chili

1 Den Rosenkohl putzen und etwas von dem Strunk abscheiden. Die Rosenkohlröschen am Strunk kreuzförmig einschneiden, abspülen und abtropfen lassen. Wasser in einem Topf zum Kochen bringen. Rosenkohl und Salz hinzugeben, zum Kochen bringen. Rosenkohl bei schwacher Hitze etwa 8 Minuten zugedeckt garen. Dann den Rosenkohl in einem Sieb abtropfen lassen und evtl. halbieren.

2 Inzwischen den Staudensellerie putzen, abspülen, abtropfen lassen und in feine Scheiben schneiden. Die Pastinaken und Möhren putzen, schälen, abspülen, abtropfen lassen, in Scheiben schneiden.

3 Sahne mit Brühe in einen Topf gießen und aufkochen. Sellerie- und Möhrenscheiben darin zugedeckt bei schwacher Hitze etwa 6 Minuten garen. Dann die Pastinakenscheiben zugeben und alles weitere etwa 4 Minuten garen.

4 Das Gemüse mit einem Schaumlöffel aus dem Topf nehmen und in einer großen Auflaufform (gefettet) verteilen. Gemüsekochflüssigkeit beiseitestellen. Den Rosenkohl ebenfalls in die Form geben. Das Gemüse mit Salz, Pfeffer und Muskat würzen.

5 Den Backofen vorheizen. Ober-/Unterhitze: etwa 200 °C, Heißluft: etwa 180 °C.

6 Die Milch mit den Eiern verschlagen, mit Salz, Pfeffer und Muskat würzen und über das Gemüse gießen. Die Form auf dem Rost in den vorgeheizten Backofen schieben und das Ganze **15–20 Minuten garen.**

7 Inzwischen die beiseitegestellte Gemüsekochflüssigkeit aufkochen. Polenta unter Rühren einstreuen. Den Topf von der Kochstelle nehmen. Die Polenta zugedeckt etwa 5 Minuten ausquellen lassen, mit Salz und Pfeffer abschmecken.

8 Salbei abspülen, trocken tupfen und die Blättchen von den Stängeln zupfen. Die Blättchen in Streifen schneiden und unter die Polenta rühren.

9 Die Form aus dem Backofen nehmen und auf einen Rost stellen. Polenta z. B. in kleinen Nocken auf dem Gemüse verteilen. Ziegengouda in Scheiben schneiden auf dem Auflauf verteilen.

10 Die Form wieder auf dem Rost in den Backofen schieben. Den Auflauf bei gleicher Backofeneinstellung **weitere 10–15 Minuten garen.**

Tipps: Bei Ihnen in der Familie gibt es jemanden, der eine bestimmte Gemüsesorte nicht so gut verträgt oder gar nicht mag? Dann schichten Sie die Gemüsesorten am besten getrennt in die Form. So hat jeder die Möglichkeit gezielt zuzugreifen. Auch Brokkoli, Blumenkohl, Fenchel, Kohlrabi oder Porree schmecken in diesem Auflauf. Wenn Ihre Familie den Geschmack von Ziegenkäse nicht schätzt, verwenden Sie einfach einen mittelalten Gouda.

Zubereitungszeit: **30 Minuten** | Garzeit: etwa **30 Minuten**

Topinamburauflauf

4 Portionen | Pro Portion: E: **25** g, F: **54** g, Kh: **16** g, kJ: **2742**, kcal: **656**, BE: **1,5**

1 ¼ kg Topinambur
Salz
gem. Pfeffer
1 TL Kümmelsamen

400 g Schlagsahne
3 Eier (Größe M)
200 g ger. Gouda
1 EL gehackte Petersilie

1 Topinambur unter fließendem kalten Wasser gründlich abbürsten, abtropfen lassen, evtl. dünn schälen. Topinambur in dünne Scheiben schneiden.

2 Salzwasser in einem großen Topf zum Kochen bringen und die Topinamburscheiben darin kurz blanchieren. Dann die Scheiben in ein Sieb abgießen und gut abtropfen lassen.

3 Den Backofen vorheizen. Ober-/Unterhitze: etwa 200 °C, Heißluft: etwa 180 °C.

4 Topinamburscheiben in eine große Auflaufform (gefettet) oder 4 Portionsauflaufförmchen (gefettet) geben und anschließend mit Salz, Pfeffer und Kümmel würzen.

5 Die Sahne mit den Eiern verschlagen und mit Salz würzen. Die Eiersahne über die Topinamburscheiben gießen. Den Käse daraufstreuen.

6 Die Form oder Formen auf dem Rost in den vorgeheizten Backofen schieben. Den Topinamburauflauf **etwa 30 Minuten garen.**

7 Zum Servieren den Auflauf mit der Petersilie bestreuen und servieren.

Beilage: Reichen Sie zu diesem Auflauf einen **Feldsalat:** Dazu etwa 250 g Feldsalat putzen, waschen, gut abtropfen lassen oder trocken schleudern. 1 Esslöffel Himbeer- oder Balsamico-Essig mit 1 Teelöffel flüssigem Honig oder Apfeldicksaft verrühren, mit Salz und Pfeffer würzen. 2–3 Esslöffel Olivenöl unterschlagen. Den Feldsalat kurz vor dem Servieren mit dem Dressing vermischen. Nach Belieben zusätzlich frische Himbeeren oder Granatapfelkerne auf den Salat geben.

Zubereitungszeit: **45 Minuten** | Garzeit: etwa **60 Minuten**

Möhren-Zucchini-Auflauf

4 Portionen | Pro Portion: E: **22** g, F: **47** g, Kh: **46** g, kJ: **2896**, kcal: **699**, BE: **3,5**

1 Gemüsezwiebel
1–2 Knoblauchzehen
1–2 EL Olivenöl
500 g Möhren

500 g Zucchini
einige Stängel Thymian
4 Eier (Größe M)
400 g Kräuter-Doppelrahm-frischkäse

Salz
gem. Pfeffer
200 g Yufka- oder Filo-Teigblätter
1–2 EL Olivenöl
2 EL geschälte Sesamsamen

1 Gemüsezwiebel und Knoblauch abziehen, fein würfeln. Olivenöl in einer Pfanne erhitzen. Die Zwiebel- und Knoblauchwürfel darin glasig dünsten, etwas abkühlen lassen.

2 Inzwischen die Möhren putzen, schälen, abspülen, abtropfen lassen und grob raspeln. Zucchini abspülen, abtrocknen und die Enden abschneiden. Zucchini ebenfalls grob raspeln. Thymian abspülen, trocken tupfen, die Blättchen von den Stängeln zupfen.

3 Ein Ei trennen. Das Eigelb zum Bestreichen beiseitestellen. Frischkäse, Eiweiß und die restlichen Eier mit einem Mixer (Rührstäbe) verrühren. Thymian unterrühren, die Masse mit Salz und Pfeffer würzen.

4 Den Backofen vorheizen. Ober-/Unterhitze: etwa 180 °C, Heißluft: etwa 160 °C.

5 Zucchini- und Möhrenraspel mit der Zwiebelmischung vermengen und gleichmäßig in einer großen Auflaufform (gefettet) verteilen. Die Frischkäse-Eier-Masse darauf verteilen. Die Yufka- oder Filo-Teigblätter jeweils dünn mit Olivenöl einstreichen und locker auf die Füllung legen. Dabei den Teig am Rand evtl. in Form schneiden und leicht an den Formrand drücken.

6 Das beiseitegestellte Eigelb verschlagen und die obere Teigplatte damit bestreichen. Sesam daraufstreuen. Die Teigplatten mehrmals mit einer Messerspitze oder Schere einstechen.

7 Die Form auf dem Rost in den vorgeheizten Backofen schieben. Den Auflauf **etwa 60 Minuten garen,** dabei den Auflauf gegen Ende der Garzeit zudecken, falls der Teig zu braun wird.

Tipps: Filo- oder Yufka-Teigblätter gibt es in unterschiedlichen Packungsgrößen. Die Platten lassen sich gut mit einer Haushaltsschere zurechtschneiden.

Beilage: Dazu schmeckt eine **fruchtige Tomatensauce.** Dafür 1 Zwiebel und 2 Knoblauchzehen abziehen, würfeln und in 3 Esslöffeln Olivenöl andünsten. 1 Esslöffel Tomatenmark unterrühren. 500 g Tomaten enthäuten und in Stücke schneiden. 400 g stückige Tomaten (aus der Dose) mit den Tomatenwürfeln hinzufügen. Die Sauce mit Salz, Pfeffer, Oregano und etwas Zucker würzen, etwa 10 Minuten köcheln lassen.

Zuppa-Gallurese-Auflauf

4 Portionen | Pro Portion: E: **20** g, F: **31** g, Kh: **54** g, kJ: **2412**, kcal: **576**, BE: **4,5**

350 g Ciabatta vom Vortag

150 g Aubergine
150 g Zucchini
1 rote Paprikaschote (etwa 200 g)
½ Bund glatte Petersilie
2 Zweige Rosmarin

2 Knoblauchzehen
30 g Walnusskerne
fein abgeriebene Schale von ½ Bio-Zitrone (unbehandelt, ungewachst)
3 EL Olivenöl
25 g abgetropfte Kapern

Salz
gem. Pfeffer

3 EL Olivenöl

100 g Pecorino
300 ml Gemüsebrühe

1 Den Backofen vorheizen. Ober-/Unterhitze: etwa 200 °C, Heißluft: etwa 180 °C.

2 Ciabatta in etwa ½ cm dicke Scheiben schneiden und nebeneinander auf einem Backblech verteilen. Das Backblech in den vorgeheizten Backofen schieben. Die Brot-Scheiben goldbraun rösten, dabei einmal wenden.

3 Inzwischen Aubergine und Zucchini abspülen, abtropfen lassen, Stängelansätze bzw. Enden abschneiden. Aubergine und Zucchini in etwa 2 cm große Würfel schneiden. Die Paprikaschote halbieren, entstielen, entkernen und die weißen Scheidewände entfernen. Die Schote abspülen, abtropfen lassen und in schmale Streifen schneiden.

4 Petersilie und Rosmarin abspülen und trocken tupfen. Blättchen bzw. Nadeln von den Stängeln zupfen und fein schneiden. Knoblauch abziehen und durch eine Knoblauchpresse drücken. Die Walnusskerne grob hacken, dann mit der Zitronenschale, dem Knoblauch, der Petersilie und dem Rosmarin mischen.

5 Olivenöl in einer großen Pfanne erhitzen. Die Paprikastreifen und Zucchiniwürfel darin bei starker Hitze unter gelegentlichem Rühren kräftig andünsten. Kapern hinzugeben, alles leicht anbraten, mit Salz und Pfeffer würzen.

6 In einer weiteren Pfanne das Olivenöl erhitzen. Die Auberginenwürfel darin bei mittlerer Hitze unter gelegentlichem Rühren leicht anbraten, mit Salz und Pfeffer würzen.

7 Den Käse fein reiben. Die Brühe mit der Hälfte vom Käse mischen. Die Brotscheiben mit dem Gemüse und der Kräutermischung gleichmäßig in einer großen Schüssel vermengen. Die Brühe daraufgießen, alles mit den Händen mischen und dabei das Brot etwas zerdrücken.

8 Die Mischung in einer großen Auflaufform (gefettet oder mit Backpapier ausgelegt) verteilen, mit dem restlichen Käse bestreuen. Die Form auf dem Rost in den vorgeheizten Backofen schieben. Den Zuppa-Gallurese-Auflauf **etwa 20 Minuten garen.**

Steckrüben-Steinpilz-Auflauf

4 Portionen | Pro Portion: E: **11** g, F: **29** g, Kh: **14** g, kJ: **1528**, kcal: **365**, BE: **1,0**

15 g getrocknete Steinpilze
150 ml kochendes Wasser
1 kg Steckrübe
einige Stängel frischer oder
1 TL gerebelter Majoran

100 ml Steinpilz-Hefebrühe (erhältlich im Reformhaus)
250 g Schlagsahne
Salz
gem. Pfeffer

100 g ger. Käse, z. B. mittelalter Gouda, Greyerzer oder Emmentaler

1 Die Steinpilze kurz unter fließendem kalten Wasser abspülen, damit evtl. vorhandener Sand entfernt wird. Die Steinpilze in eine Schüssel geben, mit dem kochenden Wasser übergießen und etwa 15 Minuten quellen lassen.

2 Den Backofen vorheizen. Ober-/Unterhitze: etwa 200 °C, Heißluft: etwa 180 °C.

3 Die Steckrübe vierteln, schälen, abspülen und abtropfen lassen. Die Steckrübenviertel quer in sehr feine Scheiben schneiden oder auf einem stabilen Gemüsehobel fein hobeln. Frischen Majoran abspülen und trocken tupfen. Die Blättchen abzupfen.

4 Die Steckrübenscheiben und frischen oder getrockneten Majoran in eine große Auflaufform (gefettet) geben. Hefebrühe, Steinpilze mit dem Einweichwasser und der Sahne vermischen, mit Salz und Pfeffer kräftig würzen. Die Mischung auf den Steckrübenscheiben verteilen. Die Form auf dem Rost in den vorgeheizten Backofen schieben. Den Auflauf **etwa 30 Minuten garen.**

5 Dann die Form aus dem Backofen nehmen. Den Käse auf den Auflauf streuen. Die Form wieder auf dem Rost in den Backofen schieben. Den Auflauf bei gleicher Backofeneinstellung **weitere etwa 10 Minuten garen.**

Tipps: Reichen Sie zusätzlich etwa 200 g gegarten Vollkornreis dazu. Probieren Sie diesen Auflauf auch einmal mit Hokkaido-Kürbis statt Steckrübe, Thymian statt Majoran und zerbröseltem Schafskäse statt geriebenem Gouda.

Auberginen-Kichererbsen-Auflauf

4–6 Portionen | Pro Portion: E: **22** g, F: **29** g, Kh: **26** g, kJ: **1911**, kcal: **456**, BE: **2,0**

2 große Zwiebeln (250 g)
2 Knoblauchzehen
800 g Auberginen
6 EL Olivenöl
Salz
½ TL Chiliflocken

2 große Tomaten
400 g stückige Tomaten (aus der Dose)
gem. Pfeffer
1 gestr. TL gem. Kreuzkümmel (Cumin) oder Kräuter der Provence

400 g abgespülte, abgetropfte Kichererbsen (aus der Dose)
3 Eier (Größe M)
200 ml Milch (3,5 % Fett)

200 g abgetropfter Mozzarella

1 Zwiebeln und Knoblauch abziehen und fein würfeln. Auberginen abspülen, abtrocknen und die Stängelansätze abschneiden. Auberginen in knapp 1 cm dicke Scheiben schneiden.

2 Die Hälfte des Öles in einer großen Pfanne erhitzen. Die Hälfte der Auberginenscheiben darin von beiden Seiten kräftig anbraten. Die Hälfte der Zwiebel- und Knoblauchwürfel mitbraten. Wenn das Öl aufgesogen ist, 1–2 Esslöffel Wasser hinzugeben, bis das Gemüse fast weich ist. Gemüse leicht mit Salz und Chili würzen. Restliche Auberginenscheiben in dem restlichen Olivenöl mit den restlichen Zwiebel- und Knoblauchwürfeln braten und würzen.

3 Die Tomaten abspülen, abtrocknen, halbieren und die Stängelansätze herausschneiden. Tomaten in etwa 1 cm große Würfel schneiden. Stückige und gewürfelte Tomaten mit Salz, Pfeffer und Kreuzkümmel oder Kräutern der Provence würzen.

4 Den Backofen vorheizen. Ober-/Unterhitze: etwa 180 °C, Heißluft: etwa 160 °C.

5 Eine große Auflaufform (gefettet) mit der Hälfte der Auberginen-Zwiebel-Mischung auslegen. Die Kichererbsen und die Hälfte der Tomatenmischung darauf verteilen. Die restliche Auberginen-Zwiebel-Mischung daraufschichten und restliche Tomaten darauf verteilen.

6 Eier mit Milch verschlagen, mit Salz und Pfeffer würzen, über die geschichteten Zutaten gießen. Mozzarella in feine Scheiben schneiden und auf dem Auflauf verteilen.

7 Die Form auf dem Rost in den vorgeheizten Backofen schieben. Den Auflauf **etwa 50 Minuten garen.**

Französischer Winzerauflauf

3–4 Portionen | Pro Portion: E: **18** g, F: **40** g, Kh: **41** g, kJ: **2493**, kcal: **599**, BE: **3,0**

350 g Frühlingszwiebeln
1 EL Butter (10 g)
50 ml trockener Weißwein
oder Gemüsebrühe
75 g Crème fraîche

Salz
gem. Pfeffer
etwa 125 g Baguette
2–3 EL Butter (20–30 g)
350 g reife Birnen
250 g Ziegenkäse-Taler

3–4 Stängel Thymian
oder Estragon
¼ TL Cayennepfeffer
1–2 TL flüssiger Honig
2–3 EL gehackte Haselnusskerne

1 Die Frühlingszwiebeln putzen, abspülen, abtropfen lassen und schräg in 2–3 cm breite Stücke schneiden. Butter in einer Pfanne zerlassen. Die Frühlingszwiebelstücke darin unter Rühren andünsten.

2 Wein oder Gemüsebrühe hinzugießen, alles zum Kochen bringen und bei starker Hitze verdampfen lassen. Crème fraîche unterrühren. Die Frühlingszwiebeln mit Salz und Pfeffer würzen, in 4 Portionsauflaufförmchen (gefettet) oder in einer großen Auflaufform (gefettet) verteilen.

3 Den Backofen vorheizen. Ober-/Unterhitze: etwa 180 °C, Heißluft: etwa 160 °C.

4 Baguette in 2–3 cm dicke Scheiben schneiden, mit Butter bestreichen. Baguettescheiben mit der bestrichenen Seite nach oben auf den Frühlingszwiebelstücken verteilen.

5 Die Birnen schälen, halbieren, entkernen und in feine Spalten schneiden. Diese fächerartig auf den Baguettescheiben verteilen. Käsetaler waagerecht halbieren und auf die Birnenspalten legen.

6 Kräuter abspülen und trocken tupfen. Die Blättchen von den Stängeln zupfen. Kräuterblättchen und etwas Cayennepfeffer auf den Auflauf streuen. Honig daraufträufeln. Haselnusskerne daraufstreuen.

7 Die Formen oder die Form auf dem Rost in den vorgeheizten Backofen schieben. Den Auflauf **etwa 10 Minuten garen.**

Tipps: Statt Frühlingszwiebeln können Sie die gleiche Menge Porree (Lauch) verwenden. Der Auflauf ist dann etwas kräftiger im Geschmack. Die frischen Kräuter können durch getrocknete, gerebelte ersetzt werden. Dann die Menge der Kräuter reduzieren, da getrocknete Kräuter intensiver schmecken. Statt frischer Birnen können auch abgetropfte Birnenhälften (aus dem Glas) verwendet werden.

Chinakohlauflauf

4 Portionen | Pro Portion: E: **28** g, F: **26** g, Kh: **27** g, kJ: **1895**, kcal: **453**, BE: **2,0**

300 g Zucchini
1–2 gelbe Paprikaschoten
(je etwa 150 g)
200 ml Gemüsebrühe
75 g rote Linsen
200 g Tomaten
1 Chinakohl (700–750 g)

Für die Sauce und den Belag:
200 g Camembert-Käse
1–2 Stängel Dill
3 EL Butter oder Margarine (30 g)
30 g Weizenmehl
300 ml Milch (1,5 % Fett)
3 Eier (Größe M)
Salz
gem. Pfeffer
ger. Muskatnuss

1 Die Zucchini abspülen, abtrocknen und die Enden abschneiden. Zucchini zuerst längs halbieren, dann in Scheiben schneiden. Paprikaschoten halbieren, entstielen, entkernen und die weißen Scheidewände entfernen. Schotenhälften abspülen, abtropfen lassen und in Streifen schneiden.

2 Gemüsebrühe in einem Topf zum Kochen bringen. Paprikastreifen und Linsen darin etwa 3 Minuten kochen lassen. Zucchinischeiben hinzufügen, weitere etwa 3 Minuten garen. Die Gemüse-Linsen-Mischung abgießen und abtropfen lassen.

3 Die Tomaten abspülen, abtrocknen, halbieren und die Stängelansätze herausschneiden. Tomaten vierteln, entkernen und klein würfeln.

4 Von dem Chinakohl die äußeren Blätter entfernen. Die Chinakohl abspülen, abtropfen lassen und vierteln. Strunk großzügig abschneiden. Kohlviertel mit einer Schnittfläche nach unten in eine große Auflaufform (gefettet) legen. Vorgegarte Gemüse-Linsen-Mischung und Tomatenwürfel darauf verteilen.

5 Den Backofen vorheizen. Ober-/Unterhitze: etwa 180 °C, Heißluft: etwa 160 °C.

6 Für die Sauce und den Belag die Hälfte des Camemberts in kleine Würfel, die andere Hälfte in dünne Scheiben schneiden. Dill abspülen und trocken tupfen. Die Spitzen von den Stängeln zupfen und klein schneiden.

7 Butter oder Margarine in einem Topf zerlassen. Mehl darin unter Rühren so lange erhitzen, bis es hellgelb ist. Milch hinzugießen, mit einem Schneebesen gut durchschlagen. Dabei darauf achten, dass keine Klümpchen entstehen. Sauce aufkochen lassen. Camembertwürfel hinzugeben und unter Rühren schmelzen.

8 Die Eier trennen. Eigelb zuerst mit etwas von der Sauce verrühren, dann unter die restliche Sauce rühren (dabei die Sauce nicht mehr kochen lassen). Die Sauce mit Salz, Pfeffer und Muskat würzen. Dill hinzufügen. Eiweiß steif schlagen und unterheben. Die Sauce auf dem Gemüse verteilen. Die Camembertscheiben darauflegen.

9 Die Form auf dem Rost in den vorgeheizten Backofen schieben. Den Auflauf **etwa 45 Minuten garen.**

Zubereitungszeit: **35 Minuten** | Garzeit: etwa **25 Minuten**

Salviata

4 Portionen | Pro Portion: E: **27** g, F: **39** g, Kh: **29** g, kJ: **2398**, kcal: **573**, BE: **2,5**

175 g Ciabatta zum Aufbacken

500 g Mangold
20 g getrocknete Soft-Tomaten
3 EL Olivenöl

30 g abgetropfte Kapern
3 EL Olivenöl
Salz
gem. Pfeffer

5 Salbeiblätter
10 Eier (Größe L)
50 g Schlagsahne
50 g fein ger. Pecorino

grobes Meersalz

1 Den Backofen vorheizen. Ober-/Unterhitze: etwa 180 °C, Heißluft: etwa 160 °C.

2 Ciabatta in etwa ½ cm dicke Scheiben schneiden. Die Brotscheiben nebeneinander auf einem Backblech verteilen. Das Backblech in den vorgeheizten Backofen schieben. Die Brotscheiben in **etwa 10 Minuten goldbraun rösten,** dabei einmal wenden.

3 Inzwischen den Mangold putzen, die Stiele von den Blättern schneiden. Blätter und Stiele gründlich waschen und abtropfen lassen. Die Stiele in etwa ½ cm breite Stücke, die Blätter in etwa 1 cm breite Streifen schneiden. Tomaten in kleine Stückchen schneiden.

4 Das Olivenöl in einem großen Topf erhitzen. Die Mangoldstielstücke darin bei starker Hitze etwa 5 Minuten unter Rühren kräftig andünsten. Tomatenstücke, Kapern, Mangoldblätterstreifen und Olivenöl zugeben, unterrühren und das Ganze noch 1 Minute garen. Das Gemüse mit Salz und Pfeffer würzen.

5 Die Salbeiblätter abspülen, trocken tupfen, klein schneiden und mit den Eiern, der Sahne und dem Käse verschlagen. Die Eiermasse mit Salz und Pfeffer würzen.

6 Eine große Auflaufform (gefettet) mit den Brotscheiben auslegen. Mangoldgemüse darauf verteilen. Die Eiermasse daraufgießen.

7 Die Form auf dem Rost in den vorgeheizten Backofen schieben. Den Auflauf **etwa 25 Minuten garen.**

8 Zum Servieren den Auflauf mit Meersalz und Pfeffer bestreuen.

Zubereitungszeit: **30 Minuten** | Garzeit: etwa **35 Minuten**

Provenzalischer Gemüseauflauf

4 Portionen | Pro Portion: E: **19** g, F: **43** g, Kh: **41** g, kJ: **2644**, kcal: **635**, BE: **3,0**

500 g rote und gelbe Paprikaschoten
3 rote Zwiebeln
240 g abgetropfte Artischockenherzen (aus der Dose)
100 g Cocktailtomaten
1 EL Olivenöl
Salz
gem. Pfeffer
75 g schwarze Oliven mit Stein

Für den Guss:
3 Eier (Größe M)
250 g Crème fraîche
1–2 TL getrocknete, provenzalische Kräuter
1 Knoblauchzehe
125 g abgetropfter Mozzarella
etwa 8 Baguettescheiben (je 1–2 cm dick)
2 EL Olivenöl

1 Die Paprikaschoten halbieren, entstielen, entkernen und die weißen Scheidewände herausschneiden. Schotenhälften abspülen, abtropfen lassen und in Stücke schneiden. Die Zwiebeln abziehen und in Spalten schneiden. Artischockenherzen längs halbieren. Tomaten abspülen, trocken tupfen und evtl. halbieren.

2 Den Backofen vorheizen. Ober-/Unterhitze: etwa 200 °C, Heißluft: etwa 180 °C.

3 Olivenöl in einer Pfanne erhitzen. Die Paprikastücke und Zwiebelspalten darin unter Wenden etwa 6 Minuten dünsten. Gemüse mit Salz und Pfeffer würzen. Die Oliven mit den Artischockenherzen, den Tomaten und dem angedünsteten Gemüse in einer großen Auflaufform (gefettet) mischen.

4 Für den Guss Eier mit Crème fraîche und Kräutern verschlagen, mit Salz und Pfeffer würzen. Den Knoblauch abziehen, durch eine Knoblauchpresse drücken und hinzugeben. Den Guss auf der Gemüsemischung verteilen.

5 Die Form auf dem Rost in den vorgeheizten Backofen schieben. Den Gemüseauflauf **etwa 20 Minuten garen.**

6 Mozzarella in 8 dünne Scheiben schneiden.

7 Die Form aus dem Backofen nehmen. Baguettescheiben dachziegelartig auf dem Auflauf verteilen, mit Olivenöl beträufeln und mit etwas Salz bestreuen. Die Baguettescheiben mit den Mozzarellascheiben belegen und mit etwas Pfeffer bestreuen.

8 Die Form wieder auf dem Rost in den vorgeheizten Backofen schieben. Den Auflauf bei gleicher Backofeneinstellung in **weiteren etwa 15 Minuten goldbraun backen.**

Tex-Mex-Gemüse-Crumble

4–6 Portionen | Pro Portion: E: **22** g, F: **46** g, Kh: **54** g, kJ: **3002**, kcal: **717**, BE: **4,5**

125 g rote Zwiebeln
je 1 rote, gelbe und grüne Paprikaschote (je etwa 200 g)
300 g Mangold
4 Stängel Thymian
5 EL Sonnenblumenöl

1 TL Chiliflocken (nach Belieben auch mehr)
1 EL gem. Piment
3 EL scharfer Senf
3 EL Ahornsirup
500 g passierte Tomaten
300 ml Gemüsebrühe

300 g abgespülte, abgetropfte Kidneybohnen (aus der Dose)

100 g Butter
125 g Cheddar
50 g Pekannusskerne
175 g Weizenmehl

1 Die Zwiebeln abziehen und in feine Würfel schneiden. Die Paprikaschoten halbieren, entstielen, entkernen und die weißen Scheidewände entfernen. Schotenhälften abspülen, abtropfen lassen und in etwa 3 cm große Stücke schneiden.

2 Mangold putzen, die Stiele von den Blättern schneiden. Blätter und Stiele gründlich waschen und abtropfen lassen. Die Stiele in etwa 1 cm breite Stücke, die Blätter in etwa 5 cm große Stücke schneiden. Thymian abspülen, trocken tupfen und die Blättchen von den Stängeln zupfen.

3 Das Sonnenblumenöl in einem großen Topf erhitzen. Zwiebelwürfel, Paprikastücke und Mangoldstielstücke darin bei starker Hitze unter Rühren andünsten. Chiliflocken, Piment, Senf und Ahornsirup unterrühren. Passierte Tomaten und Gemüsebrühe dazugeben, unterrühren. Das Ganze mit Salz würzen und zugedeckt in etwa 5 Minuten bissfest garen.

4 Die Bohnen und die Mangoldblätter hinzugeben und einmal kräftig aufkochen lassen. Das Gemüseragout in 4–6 Portionsauflaufformen (gefettet) oder einer großen Auflaufform (gefettet) verteilen.

5 Den Backofen vorheizen. Ober-/Unterhitze: etwa 180 °C, Heißluft: etwa 160 °C.

6 Die Butter zerlassen. Den Cheddar fein reiben. Die Pekannusskerne im Blitzhacker fein hacken und mit dem Mehl in einer Schüssel vermischen. Die Butter hinzugeben und mit einer Gabel zu Streuseln verarbeiten. Cheddar locker untermischen. Die Streusel auf dem Gemüseragout verteilen.

7 Die Formen oder Form auf dem Rost in den vorgeheizten Backofen schieben. Tex-Mex-Gemüse-Crumble **etwa 25 Minuten garen.**

Auberginen-Tomaten-Auflauf

4 Portionen | Pro Portion: E: **26** g, F: **34** g, Kh: **39** g, kJ: **2377**, kcal: **568**, BE: **2,5**

2 kleine Auberginen
2–4 EL Sojasauce
5 Zwiebeln
2 EL Olivenöl
7 Tomaten

4 Scheiben Weizenmischbrot oder 6 Scheiben Vollkorn-Toastbrot
200 g ger. Emmentaler

Für die Kräutermasse:
2 Knoblauchzehen
etwa 10 frische Salbeiblättchen oder 2 Msp. gerebelter Salbei
5 Stängel Thymian oder 2 Msp. gerebelter Thymian
400 g saure Sahne
gem. Pfeffer

1 Die Auberginen abspülen, abtrocknen und die Stängelansätze abschneiden. Die Auberginen in Scheiben schneiden, auf einen Teller legen und mit Sojasauce beträufeln. Die Auberginenscheiben etwa 20 Minuten marinieren, dabei gelegentlich wenden.

2 In der Zwischenzeit die Zwiebeln abziehen, zuerst in Scheiben schneiden, dann in Ringe teilen. Olivenöl in einer Pfanne erhitzen. Die Zwiebelringe darin andünsten.

3 Den Backofen vorheizen. Ober-/Unterhitze: etwa 180 °C, Heißluft: etwa 160 °C.

4 Tomaten abspülen, abtropfen lassen, in Scheiben schneiden, dabei die Stängelansätze herausschneiden.

5 Die Brotscheiben toasten und in eine große Auflaufform (gefettet) oder 2 kleine Auflaufformen (gefettet) legen. Evtl. die Brotscheiben für die Formengrößen zurechtschneiden. Die Brotscheiben mit der Hälfte des Käses bestreuen.

6 Für die Kräutermasse Knoblauch abziehen und fein hacken.

7 Salbeiblättchen abspülen, trocken tupfen und klein schneiden. Thymian abspülen und trocken tupfen. Die Blättchen von den Stängeln zupfen. Blättchen klein schneiden. Kräuter und Knoblauch unter die saure Sahne rühren. Die Kräutermasse mit Pfeffer abschmecken.

8 Die Auberginenscheiben aus der Sojasauce nehmen, evtl. abtropfen lassen und in die Kräutermasse tauchen. Auberginenscheiben abwechselnd dachziegelartig mit den Zwiebelringen und Tomatenscheiben in die Auflaufform bzw. Formen schichten. Die restliche Kräutermasse darauf verteilen, mit dem restlichen Käse bestreuen.

9 Die Form oder Formen auf dem Rost in den vorgeheizten Backofen schieben. Den Auberginen-Tomaten-Auflauf **etwa 40 Minuten garen.**

Beilage: Gemischter Blattsalat. Dafür 750 g gemischte Blattsalate (z. B. Lollo bionda, Feldsalat, Frisée, Rucola) putzen, abspülen, gut abtropfen lassen oder trocken schleudern. Salatblätter in mundgerechte Stücke zupfen. Einen Chicorée längs halbieren, abspülen, abtropfen lassen und den Strunk keilförmig herausschneiden. Chicoréehälften in breite Streifen schneiden, mit den Blattsalaten vermengen. Für die Sauce 1 Zwiebel abziehen, fein würfeln. 2 Esslöffel Kräuteressig mit etwas Salz, 1 Prise Zucker und Pfeffer verrühren. 6 Esslöffel Olivenöl unterschlagen. Zwiebelwürfel und 1 Esslöffel gehackte Kräuter, z. B. Petersilie, Schnittlauch, Kerbel, unterrühren. Salatzutaten mit der Sauce vermengen.

Gemüseauflauf unter der Haube

4 Portionen | Pro Portion: E: **24** g, F: **55** g, Kh: **39** g, kJ: **3137**, kcal: **750**, BE: **2,5**

3 rote Zwiebeln (etwa 250 g)
1 Aubergine (etwa 250 g)
750 g Zucchini
300 g Fleischtomaten
3 EL Olivenöl
Salz
gem. Pfeffer

Für den Guss:
2 Eier (Größe M)
1 Eiweiß (Größe M)
250 g Schlagsahne
2 EL gemischte, gehackte Kräuter (frisch oder TK)
1 Knoblauchzehe

200 g Schafskäse

8–10 Lagen runde Filo- oder Yufkateigblätter (etwa 175 g)
2 EL Butter (20 g)
1 Eigelb (Größe M)
1 EL Sesamsamen

1 Die Zwiebeln abziehen und in Spalten schneiden. Aubergine abspülen, abtrocknen und den Stängelansatz abschneiden. Aubergine in Würfel schneiden. Zucchini abspülen, abtrocknen und die Enden abschneiden. Zucchini ebenfalls in Würfel schneiden. Die Tomaten abspülen, trocken tupfen, halbieren und die Stängelansätze herausschneiden. Tomatenhälften in Stücke schneiden.

2 Den Backofen vorheizen. Ober-/Unterhitze: etwa 200 °C, Heißluft: etwa 180 °C.

3 Olivenöl in einer großen Pfanne erhitzen. Zwiebelspalten und Auberginenwürfel darin etwa 3 Minuten unter Wenden dünsten, mit Salz und Pfeffer würzen. Zucchiniwürfel und Tomatenstücke hinzugeben, weitere etwa 3 Minuten unter Wenden dünsten. Angedünstetes Gemüse in einer großen Auflaufform (gefettet) verteilen.

4 Für den Guss die Eier mit Eiweiß, Sahne und Kräutern verschlagen, mit Salz und Pfeffer würzen. Knoblauch abziehen, fein hacken und hinzugeben. Den Guss auf dem Gemüse verteilen. Käse fein zerbröseln und daraufstreuen. Die Form auf dem Rost in den vorgeheizten Backofen schieben. Den Gemüseauflauf **etwa 15 Minuten garen.**

5 Die Teigblätter auf einer Arbeitsfläche ausbreiten. Butter zerlassen. Die Teigblätter damit bestreichen und übereinanderlegen.

6 Die Form aus dem Backofen nehmen und die Teigblätter auf den Auflauf legen. Eigelb mit 1 Teelöffel Wasser verschlagen. Die oberen Teigblätter dünn damit bestreichen und mit Sesam bestreuen. Die Form wieder auf dem Rost in den Backofen schieben. Den Auflauf bei gleicher Backofeneinstellung in **weiteren 10–15 Minuten goldbraun backen.**

Aufläufe mit Getreide & Hülsenfrüchten

Reisen Sie mit tollen Aufläufen um die Welt: afrikanisch mit Okra-Süßkartoffeln, arabisch als Shakshuka-Hirse-Auflauf, indisch mit Curry-Steckrüben, mexikanisch mit Chili-sin-carne-Quinoa, französisch als Ratatouille-Auflauf oder rheinisch mit Himmel-und-Erde.

Die schmecken wie im Urlaub!

Zubereitungszeit: **35 Minuten** | Garzeit: etwa **40 Minuten**

Ratatouille-Auflauf
mit Frischkäse-Bulgur-Nocken

4 Portionen | Pro Portion: E: **26** g, F: **33** g, Kh: **46** g, kJ: **2455**, kcal: **584**, BE: **3,5**

knapp 400 ml Gemüsebrühe
200 g Bulgur

1 Knoblauchzehe
2 Zwiebeln
1 mittelgroße Aubergine (etwa 250 g)
1 Zucchini (etwa 250 g)
400 g Fleischtomaten
je 1 rote und gelbe Paprikaschote
je 2 Stängel Salbei und Thymian

2 EL Olivenöl
Salz
gem. Pfeffer
evtl. etwas Cayennepfeffer oder grob geschroteter Chili

2 Eigelb (Größe M)
100 g Frischkäse (z. B. mit Kräutern und Knoblauch oder pur)
½ TL fein abgeriebene Zitronenschale von 1 Bio-Zitrone (unbehandelt, ungewachst)
2 EL fein geschnittene Basilikumblätter

200 g ger. Gratinkäse

1 Die Brühe in einem Topf zum Kochen bringen. Den Bulgur einstreuen und nach Packungsanleitung ausquellen lassen. Bulgur evtl. abgießen und etwas abkühlen lassen.

2 Inzwischen Knoblauch und Zwiebeln abziehen, würfeln. Aubergine, Zucchini und Tomaten abspülen, abtropfen lassen. Den Stängelansatz der Aubergine und die Enden der Zucchini abschneiden. Aubergine und Zucchini in gleich große Würfel schneiden. Tomaten halbieren und die Stängelansätze herausschneiden. Tomaten in Stücke schneiden.

3 Paprikaschoten halbieren, entstielen, entkernen und die weißen Scheidewände entfernen. Die Paprikahälften abspülen, abtropfen lassen, in etwa 3 cm große Stücke schneiden. Kräuter abspülen, trocken tupfen und die Blättchen von den Stängeln zupfen. Blättchen grob schneiden.

4 Das Olivenöl in einer großen Pfanne erhitzen. Zuerst die Knoblauch-, Zwiebel- und Auberginenwürfel darin unter gelegentlichem Rühren leicht braun anbraten, mit Salz, Pfeffer, Kräutern und Cayennepfeffer oder Chili würzen. Dann Zucchiniwürfel und Paprikastücke hinzugeben. Das Gemüse weitere etwa 8 Minuten unter vorsichtigem Rühren dünsten.

5 Inzwischen den Backofen vorheizen. Ober-/Unterhitze: etwa 200 °C, Heißluft: etwa 180 °C.

6 Die Tomatenstücke zum Gemüse in die Pfanne geben und unterrühren. Die Gemüsemischung nochmals mit Salz und Pfeffer würzen und in einer großen Auflaufform (gefettet) verteilen.

7 Die Form auf dem Rost in den vorgeheizten Backofen schieben. Das Gemüse **etwa 20 Minuten garen.**

8 Inzwischen Eigelb mit Frischkäse und Zitronenschale verrühren, mit Pfeffer würzen und Basilikum unterrühren. Den Bulgur auflockern und mit etwa 75 g vom Gratinkäse unter die Frischkäse-Mischung rühren.

9 Die Form aus dem Backofen nehmen und auf einen Rost stellen. Die Bulgurmasse mithilfe eines Esslöffels in Nocken auf das Gemüse setzen, mit dem restlichen Käse bestreuen. Die Form wieder auf dem Rost in den Backofen schieben und bei gleicher Backofeneinstellung **weitere etwa 20 Minuten garen.**

Tipps: Im Winter schmeckt der Auflauf auch mit einer würzig geschmorten Gemüsemischung aus 600 g Möhren und 400 g Porree oder Fenchel. Wer mag, verwendet statt Frischkäse Ziegenfrischkäse, den es auch mit Kräutern und Knoblauch gibt.

Zubereitungszeit: **45 Minuten** | Garzeit: etwa **35 Minuten**

Polenta-Auflauf
mit Pimientos de Padrón

4 Portionen | Pro Portion: E: **20** g, F: **38** g, Kh: **63** g, kJ: **2858**, kcal: **680**, BE: **5,0**

75 g rote Zwiebeln
75 g Staudensellerie
3 EL Olivenöl
600 ml Milch (1,5 % Fett)
600 ml Wasser
Salz

250 g Polenta
10 Blätter Basilikum
100 g fein ger. Manchego

325 g Pimientos de Padrón (kleine grüne Paprikaschoten)
100 g Cocktailtomaten

40 g Baguette vom Vortag
30 g geröstete, gesalzene Mandeln
6 EL Olivenöl

1 Zwiebeln abziehen und fein würfeln. Staudensellerie putzen, abspülen und abtropfen lassen. Sellerie in feine Würfel schneiden.

2 Olivenöl in einem großen Topf erhitzen. Die Zwiebel- und Selleriewürfel darin kräftig andünsten. Milch und Wasser hinzugießen, mit Salz würzen und alles unter Rühren aufkochen lassen.

3 Polenta unter Rühren einstreuen. Den Topf von der Kochstelle nehmen. Die Polenta zugedeckt etwa 10 Minuten quellen lassen. Dabei häufig durchrühren. Basilikum abspülen, trocken tupfen, klein schneiden. Die Hälfte vom Käse mit dem Basilikum unter die Polenta rühren.

4 Polenta in eine große Auflaufform (mit Backpapier ausgelegt oder gefettet) gießen, glatt streichen und etwa 20 Minuten abkühlen bzw. fest werden lassen.

5 In der Zwischenzeit Pimientos abspülen, abtropfen lassen und die Stiele mit den Ansätzen abschneiden. Die Tomaten abspülen, abtropfen lassen und halbieren, dabei evtl. die Stängelansätze herausschneiden.

6 Den Backofen vorheizen. Ober-/Unterhitze: etwa 180 °C, Heißluft: etwa 160 °C.

7 Baguette in kleine Stücke schneiden und im Blitzhacker grob bröselig zerkleinern. Die Mandeln im Blitzhacker kurz klein hacken. Brotbrösel mit Mandeln, restlichem Käse und Olivenöl mischen.

8 Pimientos und Tomaten auf der Polenta verteilen, mit Salz würzen und die Brotmischung daraufstreuen. Die Form auf dem Rost in den vorgeheizten Backofen schieben. Den Polenta-Auflauf **etwa 35 Minuten garen.**

Indischer Blumenkohl-Reis-Auflauf mit Papadam-Kruste

4 Portionen | Pro Portion: E: **17** g, F: **33** g, Kh: **90** g, kJ: **3018**, kcal: **725**, BE: **7,5**

300 g Basmatireis
175 g Möhren
25 g Sultaninen
2 EL Butter oder Ghee (20 g)
1 EL Garam Masala
Salz
450 ml Wasser

650 g Blumenkohl
Salzwasser
200 g rote Zwiebeln
3 EL Butter oder Ghee (30 g)

10 Minzeblättchen
200 ml Kokosmilch

1 EL Garam Masala

125 g Papadams (dünn frittierte Fladen aus Linsenmehl)
50 g Butter oder Ghee

1 Den Reis in einem Sieb unter fließendem kalten Wasser abspülen und gut abtropfen lassen.

2 Die Möhren putzen, abspülen, abtropfen lassen und grob raspeln. Den Reis mit Möhren, Sultaninen, Butter oder Ghee, Garam Masala und etwas Salz in einem Topf mischen. Das Wasser hinzugießen und alles zum Kochen bringen. Die Reismischung zugedeckt bei schwacher Hitze etwa 13 Minuten garen, dabei nicht umrühren.

3 Inzwischen vom Blumenkohl die Blätter entfernen und den Strunk abschneiden. Den Blumenkohl in Röschen teilen, abspülen und abtropfen lassen. Die Röschen mit dem Salzwasser in einem Topf zum Kochen bringen. Die Röschen etwa 3 Minuten garen, dann in einem Sieb abtropfen lassen.

4 Die Zwiebeln abziehen und in etwa 5 mm dicke Scheiben schneiden. Butter oder Ghee in einer Pfanne zerlassen. Die Zwiebelscheiben darin unter Wenden etwa 5 Minuten braten.

5 Minzeblättchen abspülen, trocken tupfen, klein schneiden, mit Kokosmilch und Garam Masala verrühren, mit etwas Salz würzen.

6 Den Backofen vorheizen. Ober-/Unterhitze: etwa 200 °C, Heißluft: etwa 180 °C.

7 Papadams mit der Hand in kleine Stücke brechen und im Blitzhacker zu groben Bröseln verarbeiten. Butter oder Ghee zerlassen. Eine große Auflaufform mit etwa 2 Esslöffeln vom zerlassenen Fett einfetten. Das restliche Fett mit den Papadam-Bröseln gut vermischen.

8 Zuerst den Blumenkohl mit den Zwiebeln in der Form verteilen. Die gewürzte Kokosmilch daraufgießen. Die Reismischung darauf verteilen und verstreichen. Zum Schluss die Papadam-Brösel mit einem Esslöffel gleichmäßig auf dem Reis verstreichen.

9 Die Form auf dem Rost in den vorgeheizten Backofen schieben. Den Auflauf **etwa 40 Minuten garen,** bis die Papadam-Brösel schön knusprig sind.

Zubereitungszeit: **35 Minuten, ohne Quellzeit** | Garzeit: etwa **30 Minuten**

Grünkernauflauf mit Wirsingstreifen

4 Portionen | Pro Portion: E: **33** g, F: **35** g, Kh: **36** g, kJ: **2463**, kcal: **589**, BE: **3,0**

150 g Grünkern
400 ml Gemüsebrühe
2 Zwiebeln
1 Kopf Wirsing (etwa 600 g)
200 g Möhren
100 g Champignons
2 EL Butter oder Margarine (20 g)

Salz
gem. Pfeffer
ger. Muskatnuss
150 ml Instant-Steinpilz-Hefebrühe (erhältlich im Reformhaus)
100 g Schlagsahne

Für den Guss:
3 Eier (Größe M)
300 g körniger Frischkäse (Hüttenkäse)
1 Knoblauchzehe

125 g ger. würziger Bergkäse

1 Grünkern abspülen und abtropfen lassen. Grünkern in einen Topf geben. Gemüsebrühe hinzugießen und zugedeckt aufkochen lassen. Grünkern zugedeckt etwa 10 Minuten bei schwacher Hitze kochen lassen (bitte Packungsanleitung beachten). Dann den Grünkern zugedeckt auf der ausgeschalteten Kochstelle etwa 45 Minuten ausquellen lassen.

2 Zwiebeln abziehen und in kleine Würfel schneiden. Von dem Wirsing die groben, äußeren Blätter ablösen. Den Wirsing halbieren, abspülen und trocken tupfen. Den Strunk herausschneiden. Wirsinghälften in feine Streifen schneiden.

3 Möhren putzen, schälen, abspülen, abtropfen lassen und in feine Scheiben schneiden. Champignons putzen, mit Küchenpapier abreiben und in Scheiben schneiden.

4 Den Backofen vorheizen. Ober-/Unterhitze: etwa 200 °C, Heißluft: etwa 180 °C.

5 Butter oder Margarine in einer großen Pfanne zerlassen. Die Zwiebelwürfel darin andünsten. Wirsingstreifen, Möhren- und Champignonscheiben hinzugeben und etwa 3 Minuten unter mehrmaligem Wenden anbraten. Das Gemüse mit Salz, Pfeffer und Muskat würzen. Hefebrühe und Sahne hinzugießen. Zutaten zugedeckt etwa 10 Minuten unter gelegentlichem Wenden dünsten.

6 Für den Guss Eier mit Frischkäse verschlagen, mit Salz und Pfeffer würzen. Knoblauch abziehen, durch eine Knoblauchpresse drücken und unterrühren. Vorbereitetes Gemüse mit dem Grünkern in einer großen Auflaufform (gefettet) mischen. Den Guss darauf verteilen und mit Käse bestreuen. Die Form auf dem Rost in den vorgeheizten Backofen schieben. Den Auflauf **etwa 30 Minuten garen**.

Tipps: Grünkern ist das halbreif, noch grün geerntete Korn des Dinkels. Es kommt als ganzes Korn, Schrot, Grieß, Graupen oder Mehl in den Handel. Sein würziger, leicht rauchiger Geschmack passt hervorragend zu kräftigen Gemüsesorten wie allen Kohlsorten, Porree, Möhren, Sellerie oder auch Fenchel. Auch besonders aromatische Käsesorten, vor allem Käse aus Rohmilch (z. B. Emmentaler, Greyerzer, Munster, Bergkäse), würzige Schafskäsesorten (z. B. Feta, Manchego) oder auch Ziegen-Gouda harmonieren perfekt zu dem getreidig-rauchigen Geschmack. Die lange Garzeit lässt sich durch das Einweichen der Körner in kaltem Wasser über Nacht erheblich verkürzen. Eine schnelle, geschmacklich ähnliche Alternative ist auch Schnellkoch-Dinkel. Durch ein spezielles Aufbereitungsverfahren wird die Garzeit der Körner deutlich verkürzt.

VEGAN

Hafer-Mangold-Auflauf

4 Portionen | Pro Portion: E: **16** g, F: **37** g, Kh: **38** g, kJ: **2316**, kcal: **554**, BE: **2,5**

2 TL Tomatenmark
800 ml vegane Gemüsebrühe
200 g grobe Hafergrütze
1 Lorbeerblatt
Salz
gem. Pfeffer

1 Staude Mangold (etwa 800 g)
3 mittelgroße Zwiebeln
1 Knoblauchzehe

6 EL veganes Speiseöl
40 g grob gehackte Macadamia- oder Walnusskerne

200 ml Soja-Kochcreme
ger. Muskatnuss

350 g mittelgroße Tomaten

1 Tomatenmark mit Brühe verrühren. Die Hafergrütze in einen Topf geben und bei mittlerer Hitze unter Wenden anrösten, bis der Hafer beginnt zu duften. Die Brühe-Tomatenmark-Mischung unter Rühren hinzugießen. Das Lorbeerblatt hinzugeben, alles mit etwas Salz und Pfeffer würzen und kurz aufkochen lassen. Den Topf von der Kochstelle nehmen und die Grütze zugedeckt etwa 20 Minuten quellen lassen. Dann das Lorbeerblatt entfernen.

2 Inzwischen Mangold putzen, die Stiele von den Blättern schneiden. Blätter und Stängel gründlich waschen und abtropfen lassen. Die Blätter und die Stängel in kleine Stücke schneiden.

3 Zwiebeln und Knoblauch abziehen und würfeln. Etwas von dem Öl in einer Pfanne erhitzen. Die Zwiebel- und Knoblauchwürfel darin goldbraun andünsten. Dann die Zwiebel- und Knoblauchwürfel aus der Pfanne nehmen, mit den gehackten Nüssen mischen.

4 Restliches Öl in der Pfanne erhitzen. Mangoldstiele darin bei starker Hitze etwa 3 Minuten anbraten, dabei gelegentlich umrühren. Mangoldblätter hinzugeben und kurz mit anbraten. Soja-Kochcreme angießen. Das Ganze mit Salz, Pfeffer und Muskat würzen, die Flüssigkeit offen bei starker Hitze leicht sämig einkochen. Mangold und verbliebene Flüssigkeit in eine große Auflaufform (gefettet) geben.

5 Den Backofen vorheizen. Ober-/Unterhitze: etwa 220 °C, Heißluft: etwa 200 °C.

6 Die Tomaten abspülen, abtrocknen, in dünne Scheiben schneiden, dabei die Stängelansätze herausschneiden. Die Tomatenscheiben und die gequollene Hafergrütze abwechselnd streifenweise auf den Mangold schichten. Dabei die Tomatenscheiben mit etwas Salz und Pfeffer würzen.

7 Die Nuss-Zwiebel-Mischung auf dem Auflauf verteilen. Die Form auf dem Rost in den vorgeheizten Backofen schieben. Den Auflauf **etwa 15 Minuten garen.**

Tipp: Die Tomatenscheiben zusätzlich mit Kräutern der Provence bestreuen.

Zubereitungszeit **30 Minuten** | Garzeit: etwa **25 Minuten**

Hirse-Tomaten-Auflauf

4 Portionen | Pro Portion: E: **13** g, F: **28** g, Kh: **41** g, kJ: **1981**, kcal: **473**, BE: **3,0**

1 Zwiebel
2 EL Butter (20 g)
200 g Hirse
500 ml Gemüsebrühe
700 g Tomaten
10 entsteinte schwarze Oliven

Salz
gem. Pfeffer
150 g Schlagsahne
150 g Joghurt (3,5 % Fett)
2 Eier (Größe M)

1 Knoblauchzehe
ger. Muskatnuss

einige Stängel Basilikum

1 Zwiebel abziehen und fein würfeln. Butter in einem Topf zerlassen. Die Zwiebelwürfel darin andünsten.

2 Die Hirse mit warmem Wasser abspülen und gut abtropfen lassen. Brühe in den Topf gießen und aufkochen. Die Hirse zugeben, etwa 15 Minuten köcheln lassen.

3 Inzwischen die Tomaten abspülen, kreuzweise einschneiden und mit kochendem Wasser übergießen. Nach 1–2 Minuten herausnehmen und mit kaltem Wasser abschrecken. Tomaten enthäuten, in Scheiben schneiden und dabei die Stängelansätze herausschneiden.

4 Die Oliven halbieren. Die Hirse abtropfen lassen. Die Hälfte der Hirse in eine große Auflaufform (gefettet) oder 4 Portionsauflaufformen (gefettet) geben. Die Tomatenscheiben darauf verteilen, mit Salz und Pfeffer bestreuen, wieder mit Hirse bedecken, mit den Olivenhälften belegen.

5 Den Backofen vorheizen. Ober-/Unterhitze: etwa 200 °C, Heißluft: etwa 180 °C.

6 Sahne mit Joghurt und Eiern verschlagen. Knoblauch abziehen und durch eine Knoblauchpresse hinzudrücken. Die Eiersahne mit Salz, Pfeffer und Muskat würzen, auf dem Hirseauflauf verteilen.

7 Die Form oder Formen auf dem Rost in den vorgeheizten Backofen schieben. Den Hirse-Tomaten-Auflauf **etwa 25 Minuten garen.**

8 Basilikum abspülen, trocken tupfen und die Blättchen von den Stängeln zupfen. Den Auflauf mit den Basilikumblättchen bestreuen und servieren.

Zubereitungszeit: **50 Minuten** | Garzeit: etwa **30 Minuten**

Reisauflauf mit Mangold und Zuckerschoten

4 Portionen | Pro Portion: E: **23** g, F: **39** g, Kh: **39** g, kJ: **2547**, kcal: **609**, BE: **3,0**

- 1 EL Butter (10 g)
- 1 gestr. TL gem. Kurkuma (Gelbwurz)
- 150 g Langkornreis
- 375 ml Gemüsebrühe

- 200 g Zuckerschoten
- 750 g Mangold
- Salzwasser
- 2 Bund glatte Petersilie
- Salz
- gem. Pfeffer

- 3 Eier (Größe M)
- 200 g Schlagsahne
- 125 g Magerquark
- ger. Muskatnuss
- 50 g ger. Parmesan
- 3–4 EL Butter (30–40 g)

1 Die Butter in einem Topf zerlassen. Kurkuma unterrühren. Dann den Reis hinzugeben und darin andünsten. Die Gemüsebrühe hinzugießen und zum Kochen bringen. Den Reis zugedeckt bei schwacher Hitze etwa 20 Minuten garen, bis die gesamte Flüssigkeit vom Reis aufgenommen worden ist.

2 Den Backofen vorheizen. Ober-/Unterhitze: etwa 200 °C, Heißluft: etwa 180 °C.

3 Inzwischen Zuckerschoten putzen, abspülen, abtropfen lassen, die Enden abschneiden. Mangold putzen, gründlich waschen, abtropfen lassen. Mangoldblätter von den Stielen schneiden. Die Stiele abziehen. Mangoldblätter und -stiele in Streifen schneiden.

4 Salzwasser in einem Topf zum Kochen bringen, darin nacheinander die Mangoldstiele 3–4 Minuten, die Mangoldblätter etwa 1 Minute und die Zuckerschoten 2–3 Minuten blanchieren. Das Gemüse in ein Sieb geben, mit kaltem Wasser abschrecken und gut abtropfen lassen.

5 Petersilie abspülen und trocken tupfen. Die Blättchen von den Stängeln zupfen. Einige Blättchen zum Garnieren beiseitelegen. Die restlichen Blättchen klein schneiden.

6 Reis, Mangold, Zuckerschoten und Petersilie nacheinander schichtweise in eine große Auflaufform (gefettet) geben, mit Salz und Pfeffer bestreuen.

7 Die Eier verschlagen, Sahne und Quark unterrühren. Die Eiersahne mit Salz, Pfeffer und Muskat würzen. Die Eiersahne auf den eingeschichteten Zutaten verteilen.

8 Den Auflauf mit Parmesan bestreuen. Die Butter in Flöckchen daraufsetzen. Die Form auf dem Rost in den vorgeheizten Backofen schieben. Den Auflauf **etwa 30 Minuten garen.**

9 Zum Servieren den Reisauflauf mit der beiseitegelegten Petersilie bestreuen.

Zubereitungszeit: **40 Minuten** | Garzeit: etwa **25 Minuten**

Chili-sin-Carne-Quinoa-Auflauf

4 Portionen | Pro Portion: E: **32** g, F: **40** g, Kh: **82** g, kJ: **3438**, kcal: **820**, BE: **6,5**

200 g Quinoa
700 ml Wasser
1 EL Paprikapulver edelsüß
1 TL Salz

200 g rote Zwiebeln
1 rote Chilischote

700 g rote Paprikaschoten
400 g Tomaten
5 EL Sonnenblumenöl
2 EL gem. Kreuzkümmel (Cumin)
300 ml Gemüsebrühe
½ Bund Koriander

400 g abgespülte, abgetropfte Kidneybohnen

150 g Cheddar
125 g Taco-Chips

1 Quinoa in ein Sieb geben und unter fließendem heißen Wasser abspülen und abtropfen lassen. Quinoa mit dem Wasser in einen weiten Topf geben und zum Kochen bringen. Paprikapulver und Salz unterrühren. Das Quinoa zugedeckt bei schwacher Hitze etwa 25 Minuten garen (dabei die Packungsanleitung beachten), bis die Flüssigkeit vollständig aufgesogen ist.

2 In der Zwischenzeit die Zwiebeln abziehen, halbieren und in dünne Streifen schneiden. Chilischote entstielen, abspülen, abtropfen lassen und mit den Kernen fein hacken. Die Paprikaschoten halbieren, entstielen, entkernen und die weißen Scheidewände entfernen. Schoten abspülen, abtropfen lassen und in etwa 2 cm große Stücke schneiden.

3 Die Tomaten abspülen, abtropfen lassen und in etwa 1 cm große Stücke schneiden, dabei die Stängelansätze herausschneiden.

4 Das Sonnenblumenöl in einem Topf erhitzen. Zwiebelstreifen, Chili-, Paprika- und Tomatenstücke darin bei starker Hitze unter Rühren kräftig andünsten. Kreuzkümmel unterrühren. Gemüsebrühe hinzugießen. Das Ganze mit Salz würzen und etwa 3 Minuten köcheln lassen.

5 Koriander abspülen, trocken tupfen und die Blättchen von den Stängeln zupfen. Die Hälfte der Korianderblättchen grob schneiden, mit den Kidneybohnen zur Gemüsemischung geben und unterrühren.

6 Den Backofen vorheizen. Ober-/Unterhitze: etwa 200 °C, Heißluft: etwa 180 °C.

7 Die Gemüsemischung in einer großen Auflaufform (gefettet) verteilen. Quinoa daraufgeben und verstreichen. Die Form auf dem Rost im unteren Drittel in den vorgeheizten Backofen schieben. Den Auflauf **etwa 15 Minuten garen**.

8 Inzwischen Cheddar fein reiben. Den Auflauf mit Taco-Chips belegen und Käse bestreuen. Den Auflauf auf dem Rost auf der mittleren Einschubleiste wieder in den Backofen schieben und in **weiteren etwa 10 Minuten goldbraun überbacken.**

9 Die restlichen Korianderblättchen ebenfalls grob zerschneiden. Den Auflauf mit Koriander bestreut servieren.

Fenchel-Hirse-Auflauf mit Ziegenkäse

4 Portionen | Pro Portion: E: **21** g, F: **39** g, Kh: **38** g, kJ: **2464**, kcal: **590**, BE: **3,0**

- 175 g Hirse
- 750 g Fenchelknollen
- 1 Zweig frischer Rosmarin oder 1 TL gerebelter Rosmarin
- 1 Zwiebel
- 1 EL Butter (10 g)
- Salz
- gem. Pfeffer
- knapp 500 ml Gemüsebrühe

Für die Eiersahne:

- 2 Eier (Größe M)
- 200 g Schlagsahne
- 200 g Ziegenkäserolle
- 2 EL Haselnusskerne

1 Die Hirse gründlich mit heißem Wasser abspülen und abtropfen lassen. Von den Fenchelknollen die Stiele dicht oberhalb der Knollen abschneiden. Braune Stellen und Blätter entfernen. Wurzelenden gerade schneiden. Die Knollen abspülen, abtropfen lassen, halbieren und in Würfel schneiden.

2 Rosmarin abspülen und trocken tupfen. Die Nadeln vom Zweig zupfen. Nadeln klein schneiden. Zwiebel abziehen und klein würfeln.

3 Den Backofen vorheizen. Ober-/Unterhitze: etwa 200 °C, Heißluft: etwa 180 °C.

4 Die Butter in einem Topf zerlassen. Rosmarin und Fenchelwürfel darin etwa 3 Minuten dünsten, mit Salz und Pfeffer würzen. Hirse hinzugeben. Die Brühe hinzugießen, zum Kochen bringen und zugedeckt bei schwacher Hitze etwa 5 Minuten köcheln lassen.

5 Für die Eiersahne Eier mit Sahne verschlagen, mit Salz und Pfeffer würzen. Hirse-Fenchel-Mischung in eine große Auflaufform (gefettet) geben. Eiersahne darauf verteilen. Käserolle in dicke Scheiben schneiden, evtl. halbieren und darauflegen.

6 Die Nusskerne grob hacken, die Käsescheiben damit bestreuen. Die Form auf dem Rost in den vorgeheizten Backofen schieben. Den Auflauf **etwa 20 Minuten garen.**

Tipps: Den Auflauf nach Belieben mit Rosmarin garnieren. Statt der Ziegenkäserolle können Sie für diesen Auflauf auch die herzhafteren, kleinen Ziegenkäsetaler (4 Stück je 60 g) verwenden. Käse waagerecht halbieren und auf dem Auflauf verteilen. Weltweit gehört Hirse neben Weizen, Reis und Mais zu den wichtigsten Getreidearten. Hirse braucht nicht eingeweicht zu werden, sollte aber vor der Zubereitung mit heißem Wasser gespült werden, um eventuelle Bitterstoffe abzuwaschen. Hirse ist glutenfrei und besonders reich an Eisen, Fluor und Kieselsäure.

Zubereitungszeit: **40 Minuten** | Garzeit: etwa **30 Minuten**

Himmel-und-Erde-Auflauf

4 Portionen | Pro Portion: E: **24** g, F: **41** g, Kh: **52** g, kJ: **2812**, kcal: **671**, BE: **4,0**

- 75 g getrocknete Beluga-Linsen
- 2 Äpfel (z. B. Elstar)
- 1 EL Butterschmalz
- 1 kg festkochende Kartoffeln
- 3 Zwiebeln

- 1 EL Butterschmalz
- 1 TL gerebelter Majoran
- Salz
- gem. Pfeffer

- 250 g Blauschimmel-Käse (z. B. Gorgonzola, Roquefort oder Bavaria-Blue) oder Camembert
- 50 g gehackte Walnusskerne

1 Die Linsen nach Packungsanleitung knapp gar kochen und dann in einem Sieb abtropfen lassen.

2 In der Zwischenzeit die Äpfel waschen, abtrocknen, vierteln, entkernen und in Spalten schneiden. Butterschmalz in einer großen, beschichteten Pfanne erhitzen. Die Apfelspalten darin ganz kurz unter Wenden anbraten und aus der Pfanne nehmen.

3 Kartoffeln schälen, abspülen, abtropfen lassen und in kleine Würfel schneiden. Die Zwiebeln abziehen und in Scheiben schneiden.

4 Schmalz zum verbliebenen Bratfett in die Pfanne geben und zerlassen. Die Kartoffelwürfel darin unter Wenden etwa 5 Minuten braten. Dann die Zwiebelscheiben dazugeben, unterrühren, mit Majoran, Salz und Pfeffer würzen. Die Kartoffel-Zwiebel-Mischung unter gelegentlichem Rühren etwa 5 Minuten braten.

5 Den Backofen vorheizen. Ober-/Unterhitze: etwa 180 °C, Heißluft: etwa 160 °C.

6 Käse in Stücke schneiden. Drei Viertel der Kartoffel-Zwiebel-Mischung in eine große Auflaufform (gefettet) geben. Dann die Linsen, die Apfelspalten und die Käsestücke darauf verteilen. Die restliche Kartoffel-Zwiebel-Mischung ebenfalls darauf verteilen. Die Walnusskerne daraufstreuen.

7 Die Form auf dem Rost in den vorgeheizten Backofen schieben. Den Auflauf **etwa 30 Minuten garen.**

Tipps: Zusätzlich einige frische Majoranblättchen zum Servieren auf den Auflauf geben. Optisch noch etwas farbenfroher wird dieser preiswerte Auflauf, wenn Sie statt der Linsen einige Preiselbeeren aus dem Glas auf den Auflauf geben.

VEGAN

Afrikanischer Okra-Süßkartoffel-Auflauf

4 Portionen | Pro Portion: E: **11** g, F: **35** g, Kh: **51** g, kJ: **2362**, kcal: **564**, BE: **4,0**

150 g Hirse
550 ml heißes Wasser
½ TL Salz

150 g Zwiebeln
3 EL Olivenöl
250 g Tomaten

150 g Süßkartoffeln
300 g Okraschoten
150 g abgetropfter Gemüsemais (aus der Dose)

25 g Ingwer
2 Knoblauchzehen

½–1 rote Chilischote
½ Bund Koriander
1 EL Kurkuma

75 g vegane Margarine
50 g Vollkorn-Dinkelzwieback
40 g Kokosraspel

1 Hirse in ein feines Sieb geben und unter fließendem Wasser abspülen. Die Hirse mit dem heißen Wasser und dem Salz in einen weiten Topf geben. Die Hirse bei mittlerer Hitze zum Kochen bringen und zugedeckt etwa 5 Minuten köcheln lassen. Anschließend die Hirse unter gelegentlichem Rühren bei schwacher Hitze in etwa 15 Minuten ausquellen lassen (dabei die Packungsanleitung beachten) bis das Wasser vollständig aufgesogen ist.

2 Inzwischen die Zwiebeln abziehen und in Würfel schneiden. Das Olivenöl in einer Pfanne erhitzen. Die Zwiebelwürfel darin unter Rühren goldbraun anbraten.

3 Die Tomaten abspülen, abtropfen lassen und in etwa 2 cm große Stücke schneiden, dabei die Stängelansätze herausschneiden. Süßkartoffeln schälen, abspülen, abtropfen lassen und grob raspeln.

4 Okraschoten putzen, abspülen, abtropfen lassen und die Stielansätze mit den Spitzen (Kappen) abschneiden. Okraschoten jeweils halbieren.

5 Die angebratenen Zwiebelwürfel mit den Tomaten- und Okrastücken, den Süßkartoffelraspeln, dem Gemüsemais und der Hirse in einer großen Auflaufform (gefettet) mischen.

6 Ingwer schälen und fein reiben. Knoblauch abziehen und durch eine Knoblauchpresse drücken. Chilischote entstielen, abspülen, abtropfen lassen und mit den Kernen fein hacken. Koriander abspülen, trocken tupfen und die Blättchen von den Stängeln zupfen. Die Blättchen grob schneiden.

7 Ingwer mit Koriander, Knoblauch, Chili und Kurkuma unter die Hirse-Gemüse-Mischung mischen. Das Ganze mit Salz würzen.

8 Den Backofen vorheizen. Ober-/Unterhitze: etwa 200 °C, Heißluft: etwa 180 °C.

9 Die Margarine zerlassen. Den Zwieback im Blitzhacker fein zerbröseln. Die Zwiebackbrösel mit den Kokosraspeln und der Margarine vermischen, gleichmäßig auf dem Auflauf verteilen.

10 Die Form auf dem Rost in den vorgeheizten Backofen schieben. Den Auflauf **etwa 30 Minuten garen.** Dabei den Auflauf nach etwa 15 Minuten zudecken, damit die Kruste nicht zu dunkel wird.

Tipp: Sie mögen keine Süßkartoffeln? Dann bereiten Sie den Auflauf stattdessen mit Möhren zu.

Reis-Quark-Auflauf mit Gemüse

4 Portionen | Pro Portion: E: **24** g, F: **15** g, Kh: **27** g, kJ: **1447**, kcal: **345**, BE: **1,5**

1 Knoblauchzehe
1 Zwiebel
1 EL Olivenöl
175 g Instant-Rundkornreis (Express-Reis)
500 ml Gemüsebrühe

350 g Zucchini
150 g Cocktailtomaten
1 Bund Frühlingszwiebeln (etwa 250 g)
1 EL Olivenöl
3 Eiweiß (Größe M)
Salz

3 Eigelb (Größe M)
250 g Magerquark
gem. Pfeffer
100 g TK-Erbsen
75 g ger., kalorienreduzierter Gouda (15 % Fett)

1 Knoblauch und Zwiebel abziehen, fein würfeln. Öl in einem Topf erhitzen. Knoblauch und Zwiebel darin glasig dünsten. Erst Reis, dann Brühe dazugeben und bei schwacher Hitze den Reis zugedeckt nach Packungsanleitung garen. Reis etwas abkühlen lassen.

2 In der Zwischenzeit die Zucchini abspülen, abtrocknen und die Enden abschneiden. Die Zucchini in Scheiben schneiden. Tomaten abspülen, abtrocknen und halbieren. Nach Belieben die Stängelansätze herausschneiden.

3 Den Backofen vorheizen. Ober-/Unterhitze: etwa 180 °C, Heißluft: etwa 160 °C.

4 Frühlingszwiebeln putzen, abspülen, abtropfen lassen und in feine Scheiben schneiden. Öl in einer Pfanne erhitzen. Die Frühlingszwiebeln darin unter gelegentlichem Rühren kurz anbraten und herausnehmen.

5 Eiweiß mit 1 Prise Salz sehr steif schlagen. Eigelb mit Quark, Salz, Pfeffer und Reis verrühren. Eischnee unterheben.

6 Zucchini, Tomaten, Frühlingszwiebeln mit den unaufgetauten Erbsen vorsichtig mit der Quarkmasse mischen und in eine große Auflaufform (gefettet) geben. Käse daraufstreuen.

7 Die Form auf dem Rost im unteren Drittel in den vorgeheizten Backofen schieben. Den Auflauf **25–30 Minuten garen** (bis die Eimasse gestockt ist).

Tipps: Sie können diesen Auflauf z. B. auch mit 200 g Quinoa zubereiten. Dann bitte die auf der Packung angegebene Flüssigkeitsmenge beachten. Quinoa hat einen reisähnlichen, leicht getreidigen Geschmack.

Graupenauflauf
im Wirsingblatt

4 Portionen | Pro Portion: E: **21** g, F: **41** g, Kh: **39** g, kJ: **2569**, kcal: **614**, BE: **3,0**

100 g Perlgraupen grob
Salz

etwa 700 g Wirsing
Salzwasser

250 g Porree

50 g gemischtes Backobst
150 g Räuchertofu
75 g Greyerzer
2 Stängel Liebstöckel
50 g Butter
½ TL Kümmelsamen
gem. Pfeffer

175 g abgespülte, abgetropfte weiße Bohnen (aus der Dose)
200 g Schlagsahne

1 ½ EL Butter (15 g)

1 Die Graupen in ein Sieb geben, abspülen und gut abtropfen lassen. Die Graupen mit reichlich Wasser in einem Topf nach Packungsanleitung zum Kochen bringen. Etwas Salz hinzugeben und bei schwacher Hitze etwa 25 Minuten köcheln lassen. Dann die Graupen in einem Sieb abtropfen lassen.

2 In der Zwischenzeit den Wirsing putzen, die äußeren, harten Blätter ablösen. Wirsing abspülen, abtropfen lassen und den Strunk herausschneiden. Vom Wirsingkopf 7–8 größere Blätter ablösen und beiseitelegen. Den restlichen Wirsing in etwa 3 cm breite Stücke schneiden, dabei die dicken Blattrippen herausschneiden.

3 Salzwasser in einem großen Topf zum Kochen bringen. Die beiseitegelegten Wirsingblätter darin etwa 2 Minuten blanchieren. Danach die Wirsingblätter mit einem Schaumlöffel aus dem Topf nehmen, mit kaltem Wasser abschrecken, abtropfen lassen und die dicken Blattrippen so herausschneiden, dass die Blätter nicht auseinanderfallen.

4 Das Salzwasser wieder zum Kochen bringen und die Wirsingstreifen darin etwa 4 Minuten garen. Die Wirsingstreifen dann ebenfalls mit kaltem Wasser abschrecken, gut abtropfen lassen und gut ausdrücken.

5 Den Porree putzen, die Stangen längs halbieren, gründlich waschen und abtropfen lassen. Porree in etwa 1 cm breite Stücke schneiden. Backobst und Tofu in etwa ½ cm große Stücke schneiden. Den Käse fein reiben. Liebstöckel abspülen, trocken tupfen. Die Blätter von den Stängeln zupfen und klein schneiden.

6 Die Butter in einem großen Topf zerlassen. Die Porreestücke darin etwa 5 Minuten unter Rühren kräftig andünsten. Porree mit Kümmel, Salz und Pfeffer würzen. Wirsingstreifen, Backobst, Tofu, Liebstöckel, Bohnen und Graupen zugeben. Sahne hinzugießen und etwa ein Drittel vom Käse unterrühren. Das Ganze mit Salz und Pfeffer würzen, einmal kräftig aufkochen lassen.

7 Den Backofen vorheizen. Ober-/Unterhitze: etwa 180 °C, Heißluft: etwa 160 °C.

8 Die Wirsingblätter so in einer großen Auflaufform (gefettet) auslegen, dass sie rundherum 3–4 cm über den Rand herausragen. Graupenmischung darin verteilen. Die überstehenden Wirsingbblätter zur Mitte hin daraufklappen. Restlichen Käse daraufstreuen und die Butter in Flöckchen daraufsetzen.

9 Die Form auf dem Rost in den vorgeheizten Backofen schieben. Den Auflauf **etwa 40 Minuten garen.**

Indischer Curry-Steckrüben-Auflauf
mit Nusskruste

4 Portionen | Pro Portion: E: **20** g, F: **46** g, Kh: **40** g, kJ: **2731**, kcal: **653**, BE: **3,0**

1 Knoblauchzehe
1 mittelgroße Zwiebel
1 kg Steckrübe
2 EL Butter
Salz
gem. Pfeffer

1–2 TL Currypulver
¼ TL Cayennepfeffer
400 ml fettreduzierte Kokosmilch
100 ml kräftige Gemüsebrühe
1 großes Bund Frühlingszwiebeln

2 Zwiebeln
3 EL Butter
125 g rote Linsen
3 Eier (Größe M)

50 g geröstete Cashewkerne

1 Knoblauch und Zwiebel abziehen, fein würfeln. Steckrübe putzen, schälen, abspülen, abtropfen lassen und in etwa 6 x 10 cm große, feine Scheiben schneiden.

2 Butter in einer großen Pfanne zerlassen. Die Zwiebel- und Knoblauchwürfel darin andünsten. Die Steckrübenscheiben hinzugeben, unter Wenden kurz anbraten, mit Salz, Pfeffer, Curry und Cayennepfeffer kräftig würzen. Kokosmilch und Brühe hinzugießen und kurz aufkochen. Die Steckrübenscheiben zugedeckt etwa 10 Minuten garen.

3 In der Zwischenzeit die Frühlingszwiebeln putzen, abspülen, abtropfen lassen und schräg in etwa 2 cm große Stücke schneiden. Zwiebeln abziehen und in Scheiben schneiden.

4 Von der Butter 1½ Esslöffel in einer Pfanne zerlassen. Zunächst die Zwiebelscheiben darin goldbraun braten, herausnehmen und beiseitestellen. Restliche Butter in die Pfanne geben. Die Frühlingszwiebelstücke darin andünsten, dann beiseitestellen.

5 Die Steckrübenscheiben mit einer Schaumkelle aus der Pfanne nehmen. Die Kokos-Koch-Flüssigkeit beiseitestellen.

6 Die Linsen abspülen, abtropfen lassen und mit der beiseitegestellten Kokos-Koch-Flüssigkeit in einen Topf geben und aufkochen. Die Linsen zugedeckt in etwa 7 Minuten bissfest garen, dabei gelegentlich umrühren. Die Linsen mit einer Schaumkelle aus dem Topf nehmen. Die Kochflüssigkeit etwas abkühlen lassen.

7 Den Backofen vorheizen. Ober-/Unterhitze: etwa 180 °C, Heißluft: etwa 160 °C.

8 Die Steckrübenscheiben, Linsen und Frühlingszwiebelstücke schichtweise in eine große Auflaufform (gefettet) schichten.

9 Eier verschlagen, mit etwas Salz, Pfeffer und Curry würzen. Die abgekühlte, beiseitegestellte Kochflüssigkeit nach und nach unterschlagen. Die Eierflüssigkeit über die Auflaufzutaten gießen.

10 Die Cashewkerne hacken und mit den angebratenen Zwiebelscheiben auf dem Auflauf verteilen. Die Form auf dem Rost in den vorgeheizten Backofen schieben. Den Auflauf in **etwa 35 Minuten goldbraun garen.** Damit die Cashewkerne nicht zu dunkel werden, den Auflauf nach etwa 25 Minuten Garzeit mit einem Stück Backpapier zudecken.

Reis-Gemüse-Auflauf

4 Portionen | Pro Portion: E: **23** g, F: **47** g, Kh: **67** g, kJ: **3317**, kcal: **792**, BE: **5,5**

2 EL Speiseöl,
z. B. Sonnenblumenöl
250 g Basmati-Reis
(ersatzweise Langkornreis)
2 EL Currypulver
500 ml Gemüsebrühe

300 g Möhren
3 EL Butter (30 g)
300 g TK-Erbsen
Salz
gem. Pfeffer
1 Prise Zucker

2 Eier (Größe M)
200 g Schlagsahne
ger. Muskatnuss
150 g mittelalter Gouda

1 Das Speiseöl in einem Topf erhitzen. Den Reis hinzugeben und unter Rühren glasig dünsten. Curry daraufstreuen und kurz mitdünsten. Brühe hinzugießen, zum Kochen bringen und den Reis zugedeckt 10–12 Minuten nach Packungsanleitung bei schwacher Hitze ausquellen lassen.

2 In der Zwischenzeit den Backofen vorheizen. Ober-/Unterhitze: 180–200 °C, Heißluft: 160–180 °C.

3 Möhren putzen, schälen, abspülen und abtropfen lassen. Möhren in kleine Würfel schneiden. Butter in einem Topf zerlassen. Möhrenwürfel darin 2–3 Minuten dünsten. Die Erbsen unterheben und 2–3 Minuten mitdünsten. Das Gemüse mit Salz, Pfeffer und Zucker würzen.

4 Eier mit Sahne verschlagen, mit Salz, Pfeffer und Muskat würzen. Gouda reiben, mit der Eiersahne verschlagen.

5 Den Reis mit dem Gemüse vermengen und in einer große Auflaufform (gefettet) verteilen. Die Eier-Käse-Sahne über die Zutaten gießen.

6 Die Form auf dem Rost in den vorgeheizten Backofen schieben. Den Auflauf **etwa 25 Minuten garen.**

Tipps: Für Gäste lässt sich das Rezept leicht verdoppeln. Wenn Sie statt Basmati-Reis Langkornreis verwenden, verlängert sich die Garzeit für den Reis ein wenig. Bitte beachten Sie die Packungsanleitung.

Beilage: Dazu einen **Eisberg-Camembert-Salat mit Joghurt-Senf-Dressing** reichen. Hierfür 2 Esslöffel gehackte Haselnusskerne in einer Pfanne ohne Fett rösten. Für das Dressing 150 g Joghurt (3,5 % Fett) mit 2 Esslöffel Zitronensaft und 1 Teelöffel Senf verrühren. 1–2 Esslöffel Nussöl unterschlagen. Das Dressing mit Salz und Pfeffer abschmecken. Einen Eisbergsalat putzen, vierteln, abspülen, abtropfen lassen und in mundgerechte Stücke schneiden. 2 mittelgroße Möhren putzen, schälen, abspülen und abtropfen lassen. Möhren grob raspeln. 8 Champignons putzen, mit Küchenpapier abreiben und in Scheiben schneiden. 300 g Camembert-Käse, in Scheiben schneiden. 1 Kästchen Kresse abspülen, trocken tupfen und abschneiden. Eisbergsalat vorsichtig mit Möhren, Champignons und Käse vermengen. Das Joghurt-Senf-Dressing darüber verteilen, den Salat mit den Haselnusskernen und der Kresse bestreut servieren.

Zubereitungszeit: **45 Minuten** | Garzeit: etwa **50 Minuten**

Kürbisauflauf mit Bulgur und Linsen

4 Portionen | Pro Portion: E: **25** g, F: **37** g, Kh: **59** g, kJ: **2800**, kcal: **669**, BE: **4,5**

125 g Bulgur
100 g rote Linsen
500 ml Wasser
½ TL Salz

75 g Zwiebeln
2 Knoblauchzehen
½–1 rote Chilischote

3 EL Olivenöl
400 g stückige Tomaten (aus der Dose)
½ gestr. EL Zucker

700 g Hokkaido-Kürbis
250 g abgetropfter Büffel-Mozzarella

1 Zweig Rosmarin
100 g Ciabatta vom Vortag
fein abgeriebene Schale von ½ Bio-Zitrone (unbehandelt, ungewachst)
5 EL Olivenöl

1 Bulgur und Linsen mit dem Wasser in einen Topf geben, zum Kochen bringen. Dann das Salz hinzugeben. Bulgur und Linsen zugedeckt bei schwacher Hitze etwa 13 Minuten köcheln lassen, bis die ganze Flüssigkeit aufgesogen ist.

2 Inzwischen Zwiebeln und Knoblauch abziehen und fein würfeln. Chilischote entstielen, abspülen, abtropfen lassen und mit den Kernen fein hacken.

3 Das Olivenöl in einem Topf erhitzen. Die Zwiebel- und Knoblauchwürfel mit den Chilistückchen darin unter Rühren andünsten. Die stückigen Tomaten hinzugießen. Die Tomatensauce mit Salz und Zucker würzen, etwa 5 Minuten köcheln lassen.

4 Inzwischen den Kürbis abspülen und abtropfen lassen, vierteln, die Kerne und den faserigen Innenteil entfernen. Kürbis in etwa 3 mm dicke Scheiben schneiden oder hobeln und mit etwas Salz bestreuen. Mozzarella in kleine Stücke zupfen.

5 Den Backofen vorheizen. Ober-/Unterhitze: etwa 180 °C, Heißluft: etwa 160 °C.

6 Die Bulgur-Linsen-Mischung in einer großen Auflaufform (gefettet) verteilen. Darauf die Hälfte der Kürbisscheiben verteilen, dann die Hälfte vom Mozzarella und die Hälfte der Tomatensauce. Restliche Kürbisscheiben und restliche Tomatensauce darauf verteilen, zum Schluss den restlichen Mozzarella.

7 Die Form auf dem Rost in den vorgeheizten Backofen schieben. Den Auflauf **etwa 35 Minuten garen.**

8 Inzwischen Rosmarin abspülen, trocken tupfen und die Nadeln vom Zweig zupfen. Die Nadeln fein schneiden. Das Brot in kleine Stücke schneiden und im Blitzhacker zu etwas größeren Bröseln zerkleinern. Die Brösel mit Rosmarin, Zitronenschale und Olivenöl mischen. Die Brösel auf dem Auflauf verteilen. Den Auflauf **weitere etwa 15 Minuten garen,** bis die Kruste goldbraun ist.

Shakshuka-Hirse-Auflauf

4 Portionen | Pro Portion: E: **17** g, F: **31** g, Kh: **34** g, kJ: **2031**, kcal: **485**, BE: **2,5**

150 g Hirse
550 ml heißes Wasser
½ TL Salz

1 rote Paprikaschote (200 g)
½ rote Chilischote
500 g Fleischtomaten

125 g Zwiebeln
2 Knoblauchzehen
6 EL Olivenöl
1 Döschen Safranfäden (0,1 g)
1 EL Kreuzkümmelsamen
1 EL Paprikapulver edelsüß
100 ml Gemüsebrühe

4 Eier (Größe M)

8 große Blätter Minze
etwa 100 g Fetakäse
1 TL echter Schwarzkümmelsamen

1 Die Hirse in ein feines Sieb geben und unter fließendem heißen Wasser abspülen. Hirse mit dem heißen Wasser und dem Salz in einen weiten Topf geben. Hirse bei mittlerer Hitze zum Kochen bringen und zugedeckt etwa 5 Minuten köcheln lassen. Anschließend die Hirse unter gelegentlichem Rühren bei schwacher Hitze in etwa 15 Minuten ausquellen lassen (dabei die Packungsanleitung beachten) bis das Wasser vollständig aufgesogen ist.

2 Inzwischen Paprikaschote halbieren, entstielen, entkernen und die weißen Scheidewände entfernen. Schote abspülen, abtropfen lassen und in etwa 2 cm große Stücke schneiden. Chilischote entstielen, abspülen, abtropfen lassen, mit den Kernen fein hacken.

3 Tomaten abspülen, abtropfen lassen, in etwa 3 cm große Stücke schneiden, dabei die Stängelansätze herausschneiden. Zwiebeln und Knoblauch abziehen, würfeln.

4 Das Olivenöl in einer großen Pfanne erhitzen. Die Zwiebelwürfel darin bei schwacher Hitze goldbraun braten. Knoblauch, Chili, Safran, Kreuzkümmel und Paprikapulver unterrühren. Die Paprika- und Tomatenstücke dazugeben, kurz andünsten und mit Salz würzen. Die Gemüsebrühe unterrühren. Das Ganze etwa 5 Minuten köcheln lassen, bis kaum noch Flüssigkeit vorhanden ist.

5 Den Backofen vorheizen. Ober-/Unterhitze: etwa 200 °C, Heißluft: etwa 180 °C.

6 Die Hirse in 4 Portionsauflaufformen (gefettet) oder einer großen Auflaufform (gefettet) verteilen. Darauf das Gemüse verteilen und 4 Vertiefungen für die Eier hineindrücken. Die Eier aufschlagen, in die Vertiefungen gleiten lassen und mit Salz würzen.

7 Die Portionsauflaufformen oder die Form auf dem Rost in den vorgeheizten Backofen schieben. Shakshuka-Hirse-Auflauf **etwa 8 Minuten garen,** bis das Eiweiß gestockt, aber das Eigelb noch cremig ist.

8 Inzwischen Minze abspülen, trocken tupfen und in Streifen schneiden. Feta zerbröseln. Minzestreifen und Feta-Brösel mit dem Schwarzkümmel auf den Auflauf streuen und den Auflauf servieren.

Beilage: Dazu passt warmes Fladenbrot und Joghurt.

Tipps: Echte Schwarzkümmelsamen, manchmal auch als schwarze Zwiebelsaat bezeichnet, werden im arabischen Raum oft als Gewürz verwendet. Die Samen haben einen scharfen bitterlich-würzigen Geschmack und werden zum Beispiel als Pfefferersatz oder zum Bestreuen von Brot und Kuchen verwendet.

Couscous-Brokkoli-Auflauf

4 Portionen | Pro Portion: E: **17** g, F: **23** g, Kh: **55** g, kJ: **2093**, kcal: **498**, BE: **4,5**

400 ml Gemüsebrühe
250 g Instant-Couscous
500 g Brokkoli
Salzwasser

2 EL Rosinen
1 Stängel Minze
1 rote Chilischote
1 TL gem. Kreuzkümmel (Cumin)
150 g Crème fraîche

2 EL Sonnenblumenkerne
Salz
100 g milder, cremiger Schafskäse

1 Die Brühe aufkochen lassen. Couscous in eine Schüssel geben und mit der Brühe übergießen. Couscous etwa 5 Minuten quellen lassen.

2 Inzwischen den Brokkoli putzen, abspülen, abtropfen lassen und in feine Röschen teilen. Die Stiele schälen und in Stifte schneiden. Salzwasser in einem Topf zum Kochen bringen. Die Brokkolistifte und -röschen darin 3–4 Minuten garen, dann in einem Sieb abtropfen lassen.

3 Die Rosinen mit heißem Wasser abspülen und abtropfen lassen. Minze abspülen und trocken tupfen. Die Blättchen vom Stängel zupfen und fein schneiden.

4 Die Chilischote halbieren, entstielen, entkernen und die Scheidewände herausschneiden. Schote abspülen, trocken tupfen und in feine Würfel schneiden.

5 Couscous etwas auflockern. Minze, Chili, Rosinen, Kreuzkümmel, 100 g von der Crème fraîche und einen Esslöffel der Sonnenblumenkerne untermischen.

6 Den Backofen vorheizen. Ober-/Unterhitze: etwa 220 °C, Heißluft: etwa 200 °C.

7 Die Couscous-Mischung mit Salz abschmecken und in einer großen Auflaufform (gefettet) oder 4 Portionsauflaufformen (gefettet) verteilen. Brokkoli mit der restlichen Crème fraîche mischen und auf der Couscous-Mischung verteilen. Zum Schluss den Schafskäse daraufbröseln und die restlichen Sonnenblumenkerne daraufstreuen.

8 Die Form oder Formen auf dem Rost in den vorgeheizten Backofen schieben. Den Couscous-Brokkoli-Auflauf **etwa 15 Minuten garen.**

Beilage: Dazu einen cremigen Joghurtdip und Tomatensalat reichen.

Tipp: Der Auflauf lässt sich auch prima mit gegarten Reis (z. B. vom Vortag) statt Couscous zubereiten.

Aufläufe mit Nudeln & Kartoffeln

Aufläufe sind einfach, aber die Entscheidung fällt so schwer: Spätzle, Cannelloni oder Lasagne? Oder lieber Kartoffeln mit Wirsing, Schwarzwurzeln oder Rote Bete? Und dann eine Zwiebel-Nuss-Kruste oder eine Gorgonzola-Béchamelsauce?

Probieren Sie doch alle mal aus!

Zubereitungszeit: **30 Minuten** | Garzeit: **60–70 Minuten**

VEGAN

Wurzel-Kartoffel-Auflauf

4 Portionen | Pro Portion: E: **18** g, F: **36** g, Kh: **41** g, kJ: **2384**, kcal: **573**, BE: **3,0**

100 g Zwiebeln
3 EL Sonnenblumenöl
175 g Möhren
175 g Rote Beete
500 g Knollensellerie
750 g vorwiegend festkochende Kartoffeln

125 g veganer Kochschinken
500 ml Sojasahne
½ EL Kümmelsamen
½ EL getrockneter Majoran

Salz
gem. Pfeffer
ger. Muskatnuss

50 g veganer Pizza-Schmelzkäse
½ Bund Schnittlauch
35 g Meerrettichwurzel

1 Die Zwiebeln abziehen und fein würfeln. Das Sonnenblumenöl in einer Pfanne erhitzen. Die Zwiebelwürfel unter Rühren goldbraun anbraten.

2 Möhren und Rote Bete putzen. Möhren, Rote Bete, Sellerie und Kartoffeln schälen, abspülen, abtropfen lassen und in feine Scheiben hobeln.

3 Veganen Kochschinken fein würfeln. Die Zwiebelwürfel mit den gehobelten Gemüsescheiben, den veganen Schinkenwürfeln, der Sojasahne, dem Kümmel und dem Majoran mischen, mit Salz, Pfeffer und Muskatnuss würzen.

4 Den Backofen vorheizen. Ober-/Unterhitze: etwa 180 °C, Heißluft: etwa 160 °C.

5 Die Auflaufmischung in einer großen Auflaufform (gefettet) verteilen. Die Form auf dem Rost im unteren Drittel in den vorgeheizten Backofen schieben. Den Auflauf **etwa 35 Minuten garen.**

6 Dann Pizza-Schmelzkäse auf den Auflauf streuen. Den Auflauf **weitere etwa 25–35 Minuten garen.**

7 Inzwischen Schnittlauch abspülen, trocken tupfen und in Röllchen schneiden. Den Meerrettich putzen, schälen und kurz vor dem Servieren fein reiben. Den Auflauf mit Schnittlauchröllchen und Meerrettich bestreut servieren.

Tipp: Probieren Sie den Auflauf statt mit veganem Kochschinken doch einmal mit veganem Kasseler.

Schwarzwurzelauflauf

4 Portionen I Pro Portion: E: **24** g, F: **33** g, Kh: **40** g, kJ: **2296**, kcal: **551**, BE: **3,0**

1 l Wasser
4 EL Weißweinessig
2 kg Schwarzwurzeln

375 ml Wasser
1 TL Salz
2 EL Weißweinessig

40 g Ingwer
1 Stange Porree (Lauch)
400 g Gnocchi oder Eierspätzle (aus dem Kühlregal)

3 Eier (Größe M)
100 ml Schwarzwurzelkochwasser
150 g Crème fraîche

Salz
gem. Pfeffer
ger. Muskatnuss

125 g ger. Emmentaler
2 EL Sesamsamen

1 Wasser mit Essig verrühren. Die Schwarzwurzeln unter fließendem kalten Wasser gründlich abbürsten, dünn schälen, abspülen und abtropfen lassen.

2 Die Schwarzwurzeln einige Zeit in das Essigwasser legen, damit die Stangen weiß bleiben, abtropfen lassen und in Stücke schneiden.

3 Wasser mit Salz und Essig zum Kochen bringen. Die Schwarzwurzeln hineingeben und in etwa 15 Minuten knapp gar kochen.

4 Die Schwarzwurzeln in einem Sieb abtropfen lassen, dabei das Kochwasser auffangen, 100 ml abmessen und beiseitestellen.

5 Den Backofen vorheizen. Ober-/Unterhitze: etwa 200 °C, Heißluft: etwa 180 °C.

6 Ingwer schälen und in kleine Würfel schneiden. Den Porree putzen. Die Stange seitlich einschneiden, gründlich abspülen, abtropfen lassen und in kleine Stücke schneiden.

7 Die Schwarzwurzeln mit Gnocchi oder Spätzle, Porreestücken und Ingwerwürfeln in einer großen Auflaufform (gefettet) vermischen.

8 Die Eier mit dem abgemessenen Schwarzwurzelkochwasser und Crème fraîche verrühren. Eier-Crème-fraîche mit Salz, Pfeffer und Muskat würzen, gleichmäßig auf den Auflauf geben. Den Auflauf zuerst mit Käse, dann mit Sesam bestreuen.

9 Die Form auf dem Rost im unteren Drittel in den vorgeheizten Backofen schieben. Den Schwarzwurzelauflauf **etwa 40 Minuten garen.**

Zubereitungszeit: **50 Minuten, ohne Ruhezeit** | Garzeit: etwa **50 Minuten**

Scharfe Lasagne

4–6 Portionen | Pro Portion: E: **34** g, F: **37** g, Kh: **71** g, kJ: **3166**, kcal: **756**, BE: **5,5**

2 Zwiebeln
3 Knoblauchzehen
3 EL Speiseöl, z. B. Olivenöl
400 g stückige Tomaten (aus der Dose)
2 rote Chilischoten
1 gestr. TL Salz
gem. Pfeffer

1 EL Zucker
1 TL gerebelter Oregano
½ TL gerebelter Thymian
400 g Tomaten
200 g Zucchini
200 g Knollensellerie
100 g Pecorino
etwa 250 g Lasagneplatten (ohne Vorgaren)

1 Dose Kidney-Bohnen (400 g)
1 Glas Tomatenpaprika in Streifen (300 g)
180 g Pesto alla Calabrese
250 g abgetropfter Mozzarella
½ TL Pul Biber (getrocknete, geschrotete Pfefferschoten)

1 Zwiebeln und Knoblauch abziehen und würfeln. Das Öl in einem Topf erhitzen. Zwiebel- und Knoblauchwürfel darin glasig dünsten. Stückige Tomaten hinzugeben. Die Zutaten zum Kochen bringen. Die Tomatensauce von der Kochstelle nehmen.

2 Die Chilischoten halbieren, entstielen, entkernen und die Scheidewände herausschneiden. Schoten abspülen, trocken tupfen und in feine Streifen schneiden. Die Tomatensauce mit Chili, Salz, Pfeffer, Zucker, Oregano und Thymian würzen.

3 Den Backofen vorheizen. Ober-/Unterhitze: etwa 200 °C, Heißluft: etwa 180 °C.

4 Die Tomaten abspülen, abtrocknen und in Scheiben schneiden, dabei die Stängelansätze herausschneiden. Zucchini abspülen, abtrocknen und die Enden abschneiden. Zucchini der Länge nach in Scheiben schneiden. Sellerie putzen, schälen, abspülen und abtropfen lassen. Den Sellerie in kleine Würfel schneiden. Den Käse reiben.

5 Die Tomatenscheiben auf dem Boden einer großen, rechteckigen Auflaufform (gefettet) verteilen. Die Hälfte der Tomatensauce daraufgeben und mit 1 Schicht Lasagneplatten belegen. Dann Zucchinischeiben und Selleriewürfel darauf verteilen. Wieder mit Lasagneplatten belegen.

6 Die Bohnen mit dem Saft daraufgeben und mit Lasagneplatten belegen. Die Paprika mit dem Saft darauf verteilen und mit Pesto bestreichen. Mit den restlichen Lasagneplatten bedecken und die restliche Sauce darauf verstreichen. Den Mozzarella in Scheiben schneiden und darauf verteilen. Die Lasagne mit Pecorino und Pul Biber bestreuen.

7 Die Form auf dem Rost in den vorgeheizten Backofen schieben. Die Lasagne **etwa 50 Minuten garen.**

8 Lasagne aus dem Backofen nehmen, 5–10 Minuten ruhen lassen und servieren.

Tipps: Pul Biber gibt es in türkischen Lebensmittel-Läden. Ersatzweise können Sie auch etwas Tabasco-Sauce verwenden.

Zubereitungszeit: **30 Minuten** | Garzeit: etwa **20 Minuten**

Nudelauflauf mit Erbsen, Tomaten und Mozzarella

4 Portionen | Pro Portion: E: **32** g, F: **32** g, Kh: **84** g, kJ: **3195**, kcal: **764**, BE: **7,0**

4 l Wasser
4 gestr. TL Salz
400 g Spiralnudeln

250 g abgetropfter Mozzarella
½ Bund Schnittlauch

200 g Schlagsahne
1 geh. TL Instant-Gemüsebrühe (z. B. Pulver)
400 g stückige Tomaten (aus der Dose)

300 g TK-Erbsen
Salz
gem. Pfeffer

1 Das Wasser in einem großen Topf zugedeckt zum Kochen bringen. Dann Salz und Nudeln zugeben. Die Nudeln im geöffneten Topf bei mittlerer Hitze nach Packungsanleitung bissfest kochen, dabei gelegentlich umrühren. Anschließend die Nudeln in ein Sieb geben, mit kaltem Wasser abspülen und abtropfen lassen.

2 In der Zwischenzeit Mozzarella in kleine Würfel schneiden. Schnittlauch abspülen, trocken tupfen und in Röllchen schneiden.

3 Den Backofen vorheizen. Ober-/Unterhitze: etwa 200 °C, Heißluft: etwa 180 °C.

4 Die Sahne in einem Topf unter Rühren erwärmen. Die Gemüsebrühe unter Rühren darin auflösen. Die Nudeln in eine großen Auflaufform (gefettet) geben. Stückige Tomaten mit der Sahne verrühren und auf den Nudeln verteilen.

5 Gefrorene Erbsen, zwei Drittel der Mozzarella-Würfel und zwei Drittel der Schnittlauchröllchen daraufgeben, gut mit den Nudeln vermengen. Das Ganze mit Salz und Pfeffer würzen. Restliche Mozzarella-Würfel darauf verteilen. Die Form auf dem Rost in den vorgeheizten Backofen schieben. Den Auflauf **etwa 20 Minuten garen.**

6 Den Auflauf vor dem Servieren mit den restlichen Schnittlauchröllchen bestreuen.

Tipp: Wenn der Auflauf würziger sein soll, ersetzen Sie den Mozzarella durch 200 g Bergkäse oder mittelalten Gouda.

VEGAN

Möhrenauflauf mit Kartoffel-Zwiebel-Kruste

4 Portionen | Pro Portion: E: **8** g, F: **31** g, Kh: **42** g, kJ: **2014**, kcal: **483**, BE: **3,0**

600 g junge Möhren
½ Bund Frühlingszwiebeln (etwa 75 g)
je 1 grüne und gelbe Paprikaschote (etwa 330 g)
½ Bund Salbei
½ Bund Majoran

3 EL Olivenöl
Salz, gem. Pfeffer
250 ml Soja-Kochcreme
50 ml Wasser
2 EL Zitronensaft
½–1 TL veganes Gemüsebrühenpulver

Für die Kartoffelkruste:
2 Zwiebeln
4 EL Olivenöl
750 g gegarte, festkochende Pellkartoffeln (am besten vom Vortag)
ger. Muskatnuss

1 Möhren putzen, schälen, abspülen, abtropfen lassen und in feine Stifte schneiden. Frühlingszwiebeln putzen, abspülen, abtropfen lassen, schräg in Stücke schneiden. Die Paprikaschoten halbieren, entstielen, entkernen und die weißen Scheidewände entfernen. Paprika abspülen, abtropfen lassen, in Streifen schneiden.

2 Die Kräuter abspülen, trocken tupfen und die Blättchen von den Stängeln zupfen. Die Blättchen grob schneiden.

3 Das Olivenöl in einer großen Pfanne erhitzen. Die Möhren darin unter Rühren andünsten, mit Salz, Pfeffer und der Hälfte der Kräuter würzen. Die Hälfte der Soja-Kochcreme, das Wasser und den Zitronensaft hinzugießen und unterrühren. Das Brühenpulver daraufstreuen und ebenfalls unterrühren. Die Möhrenstifte zugedeckt etwa 4 Minuten bei schwacher Hitze garen.

4 Frühlingszwiebelstücke und Paprikastreifen hinzugeben und unterrühren. Das Gemüse nochmals kräftig würzen und ohne Deckel bei starker Hitze 4–6 Minuten unter gelegentlichem Rühren dünsten, bis die Flüssigkeit stark eingekocht ist.

5 In der Zwischenzeit den Backofen vorheizen. Ober-/Unterhitze: etwa 200 °C, Heißluft: etwa 180 °C.

6 Das Gemüse in einer großen Auflaufform (gefettet) verteilen. Die Form zudecken und auf dem Rost in den vorgeheizten Backofen schieben. Das Gemüse **etwa 15 Minuten garen.**

7 Inzwischen für die Kruste die Zwiebeln abziehen, in Scheiben schneiden, in Ringe teilen. Das Öl in der Pfanne erhitzen. Die Zwiebelringe darin unter gelegentlichem Wenden anbraten. Pfanne von der Kochstelle nehmen.

8 Die Kartoffeln pellen und grob raspeln oder durch eine Kartoffelpresse drücken. Die Kartoffelmasse mit Salz, Pfeffer und Muskat würzen. Restliche Kräuter und die restliche Soja-Kochcreme vorsichtig untermischen.

9 Die Form aus dem Backofen nehmen und auf einen Rost stellen. Die Kartoffelmasse auf dem Gemüse verteilen. Die Zwiebelringe mit dem Bratfett darauf verteilen. Die Form wieder auf dem Rost in den Backofen schieben. Den Möhrenauflauf bei gleicher Backofeneinstellung **weitere etwa 15 Minuten garen.**

Tipps: Der Auflauf ist perfekt, wenn einmal Pellkartoffeln übrig geblieben sind. Oder Sie kochen am Vortag gleich mehr Kartoffeln.

Zubereitungszeit: **40 Minuten** | Garzeit: **20–30 Minuten**

Cannelloni auf Blattspinat

4 Portionen | Pro Portion: E: **23** g, F: **47** g, Kh: **36** g, kJ: **2787**, kcal: **667**, BE: **3,0**

1 Zwiebel
1 EL Olivenöl
600 g TK-Blattspinat
etwas Wasser
Salz
gem. Pfeffer
ger. Muskatnuss

Für die Sauce:
60 g Butter
40 g Weizenmehl
375 ml Milch (1,5 % Fett)
125 g Schlagsahne
60 g ger. Parmesan

etwa 125 g Cannelloni
(ohne Vorgaren)

60 g ger. Parmesan
40 g Butter

1 Zwiebel abziehen und fein würfeln. Olivenöl in einem Topf erhitzen. Zwiebelwürfel darin glasig dünsten. Spinat unaufgetaut hinzufügen, Wasser hinzugießen. Den TK-Spinat etwa 15 Minuten dünsten, mit Salz, Pfeffer und Muskat würzen. Spinat eventuell in einem Sieb abtropfen lassen und in eine große Auflaufform (gefettet) geben.

2 Für die Sauce Butter in einem Topf zerlassen. Mehl darin unter Rühren so lange erhitzen, bis es hellgelb ist. Nach und nach Milch und Sahne hinzugießen, mit einem Schneebesen durchschlagen. Dabei darauf achten, dass keine Klümpchen entstehen.

3 Den Backofen vorheizen. Ober-/Unterhitze: etwa 200 °C, Heißluft: etwa 180 °C.

4 Die Sauce zum Kochen bringen und etwa 2 Minuten unter gelegentlichem Rühren kochen lassen. Sauce mit Salz und Pfeffer würzen. Etwa ein Drittel der Sauce mit dem Käse verrühren. Restliche Sahnesauce beiseitestellen. Die Hälfte der Käsesauce auf den Spinat geben.

5 Restliche Käsesauce in einen Spritzbeutel füllen und in die Cannelloni spritzen. Dazu die Cannelloni in die Form legen, ein Nudelröhrchen leicht schräg anheben und mit etwas Sauce füllen.

6 Die gefüllten Cannelloni mit der beiseitegestellten Sahnesauce übergießen und mit Käse bestreuen. Butter in Flöckchen daraufsetzen.

7 Die Form auf dem Rost in den vorgeheizten Backofen schieben. Cannelloni auf Blattspinat **20–30 Minuten garen.**

Beilage: Tomatensalat.

Tipp: Nach Belieben die Cannelloni einige Minuten unter dem vorgeheizten Grill bräunen lassen.

Artischockenauflauf
à la Provence

4 Portionen | Pro Portion: E: **20** g, F: **27** g, Kh: **31** g, kJ: **1907**, kcal: **457**, BE: **2,5**

- 600 g gegarte Pellkartoffeln
- 240 g abgetropfte Artischockenherzen (5–7 Stück, aus der Dose)
- 60 g getrocknete Tomaten, in Öl eingelegt
- 200 g abgetropfte, rote Paprikahälften (aus dem Glas)
- 75 g schwarze Oliven mit Stein
- 2 EL TK-Knoblauch-Zwiebel-Mischung

Für den Guss:

- 3 Eier (Größe M)
- 150 g saure Sahne
- Salz, gem. Pfeffer
- ½ TL getrocknete Kräuter der Provence
- 175 g Ziegenfrischkäse-Rolle

1 Den Backofen vorheizen. Ober-/Unterhitze: etwa 200 °C, Heißluft: etwa 180 °C.

2 Pellkartoffeln pellen und in Scheiben schneiden. Artischocken halbieren. Tomaten abtropfen lassen, in feine Streifen schneiden. Die Paprikahälften in Stücke schneiden.

3 Die Pellkartoffelscheiben, Artischockenhälften, Tomatenstreifen und Paprikastücke in eine große Auflaufform (gefettet) schichten. Oliven und Knoblauch-Zwiebel-Mischung gleichmäßig darauf verteilen.

4 Für den Guss Eier mit saurer Sahne verrühren, mit Salz, Pfeffer und Kräutern der Provence würzen. Die Eiersahne auf der Kartoffel-Gemüse-Mischung verteilen.

5 Die Frischkäserolle in etwa 1 cm dicke Scheiben schneiden. Die Käsescheiben ebenfalls auf dem Auflauf verteilen.

6 Die Form auf dem Rost in den vorgeheizten Backofen schieben. Den Artischockenauflauf **etwa 30 Minuten garen.**

Tipps: Dieser Auflauf ist auch ideal, wenn Sie Reste von gegarten Nudeln (etwa 500 g) übrig haben, denn der Auflauf schmeckt auch mit Nudeln sehr gut. Wenn Sie lieber eine knusprige Käsekruste möchten, den Auflauf statt mit Ziegenkäsescheiben mit etwa 125 g geriebenem Käse, z. B. Gouda, überbacken. Die Pellkartoffeln können Sie gut bereits am Vortag kochen, erkalten lassen und zugedeckt kalt stellen.

VEGAN

Nudel-Pilz-Auflauf

4 Portionen | Pro Portion: E: **25** g, F: **34** g, Kh: **84** g, kJ: **3094**, kcal: **741**, BE: **7,0**

100 g Zwiebeln
4–6 Knoblauchzehen
4 Zweige Rosmarin
300 g Champignons
200 g Kräuterseitlinge

4 l Wasser
4 gestr. TL Salz

400 g Hartweizen-Nudeln (ohne Ei, z. B. ohrenförmige Volanti)

2 EL Olivenöl
150 ml Haselnussmilch
200 g Soja-Kochcreme
gem. Pfeffer
2 EL Speisestärke

100 g veganer Mozzarella-Streukäse

2 EL Olivenöl
35 g gehobelte Haselnusskerne
fein abgeriebene Schale von ½ Bio-Zitrone (unbehandelt, ungewachst)

1 Die Zwiebeln abziehen und fein würfeln. Knoblauch abziehen und in dünne Scheiben schneiden. Rosmarin abspülen, trocken tupfen und die Nadeln von den Zweigen zupfen. Die Pilze putzen und in etwa ½ cm dicke Scheiben schneiden.

2 Das Wasser in einem großen Topf zugedeckt zum Kochen bringen. Dann Salz und Nudeln hinzugeben. Die Nudeln im geöffneten Topf bei mittlerer Hitze nach Packungsanleitung knapp bissfest kochen (d. h. die Nudeln nach etwa zwei Dritteln der auf der Packung angegebenen Kochzeit abgießen), dabei gelegentlich umrühren. Die Nudeln in ein Sieb geben, abtropfen lassen.

3 Inzwischen das Olivenöl in einem großen Topf erhitzen. Die Zwiebelwürfel und die Hälfte der Knoblauchscheiben darin unter Rühren goldbraun anbraten. Die Hälfte der Rosmarinnadeln unterrühren.

4 Haselnussmilch und Soja-Kochcreme hinzugießen, mit Salz und Pfeffer würzen, zum Kochen bringen. Die Stärke mit etwas kaltem Wasser anrühren und in die kochende Flüssigkeit einrühren. Pilze hinzugeben und alles etwa 2 Minuten kräftig kochen lassen, dabei gelegentlich umrühren.

5 In der Zwischenzeit den Backofen vorheizen.
Ober-/Unterhitze: etwa 180 °C,
Heißluft: etwa 160 °C.

6 Die Pilzcreme mit den Nudeln in einer großen Auflaufform (gefettet) mischen und verteilen. Den Mozzarella-Streukäse daraufstreuen. Die Form auf dem Rost in den vorgeheizten Backofen schieben. Den Nudel-Pilz-Auflauf **etwa 25 Minuten garen.**

7 Inzwischen das Olivenöl in einer Pfanne erhitzen. Die gehobelten Haselnusskerne mit den restlichen Knoblauchscheiben darin goldbraun anbraten. Die Zitronenschale und die restlichen Rosmarinnadeln unterrühren. Die Nussmischung auf dem Auflauf verteilen und den Auflauf servieren.

Cannelloni mit Ricotta und Pilzen

6 Portionen | Pro Portion: E: **34** g, F: **48** g, Kh: **49** g, kJ: **3187**, kcal: **762**, BE: **4,0**

Für die Béchamelsauce:
2 kleine Zwiebeln
40 g Butter
2 ½ EL Weizenmehl
750 ml Milch (1,5 % Fett)
5 kleine Stängel Salbei
1 TL fein abgeriebene Schale von 1 Bio-Zitrone (unbehandelt, ungewachst)
Salz
gem. Pfeffer
ger. Muskatnuss

Für die Füllung:
60 g Pinienkerne
375 g Champignons
2 EL Olivenöl
einige Stängel glatte Petersilie
800 g Ricotta (ital. Frischkäse)
3 Eigelb (Größe M)
125 g ger. Parmesan

etwa 250 g Cannelloni (ohne Vorgaren)
6–8 Cocktailtomaten
etwa 10 Kalamata-Oliven
grob gem. Pfeffer

1 Für die Sauce die Zwiebeln abziehen und fein würfeln. Die Butter in einem Topf zerlassen. Die Zwiebeln darin andünsten. Das Mehl hinzufügen und unter Rühren so lange erhitzen, bis es hellgelb ist. Milch hinzugießen und mit einem Schneebesen durchschlagen. Dabei darauf achten, dass keine Klümpchen entstehen.

2 Salbei abspülen und trocken tupfen. Von 1 Salbeistängel die Blättchen vom Stängel zupfen. Die Blättchen klein schneiden. Restliche Salbeistängel beiseitelegen.

3 Klein geschnittene Salbeiblättchen und Zitronenschale in die Sauce geben, unter Rühren zum Kochen bringen. Die Sauce mit Salz, Pfeffer und Muskat würzen.

4 Für die Füllung Pinienkerne in einer Pfanne ohne Fett unter Wenden goldbraun rösten und herausnehmen. Die Pinienkerne sehr fein hacken.

5 Champignons putzen, evtl. kurz abspülen, trocken tupfen, in grobe Stücke schneiden. Olivenöl in einer Pfanne erhitzen. Champignonstücke darin unter mehrmaligem Wenden kräftig andünsten, mit Salz würzen.

6 Petersilie abspülen und trocken tupfen. Die Blättchen von den Stängeln zupfen. Die Blättchen klein schneiden und unter die Champignonstücke rühren. Champignonmasse erkalten lassen.

7 Den Backofen vorheizen. Ober-/Unterhitze: etwa 180 °C, Heißluft: etwa 160 °C.

8 Ricotta in eine Rührschüssel geben. Pinienkerne, Champignonmasse, Eigelb und etwa 90 g vom Parmesan hinzufügen. Die Zutaten gut vermischen. Die Ricottamasse mit Salz, Pfeffer und Muskat würzen.

9 Die Béchamelsauce etwa 1 cm hoch in eine große Auflaufform (gefettet) geben. Die Ricottamasse in einen Spritzbeutel füllen (oder in einen Gefrierbeutel füllen und eine Ecke abschneiden).

10 Die Ricottamasse in die Cannelloni-Röllchen spritzen. Die Cannelloni dicht aneinander auf die Sauce in die Form legen und die restliche Béchamelsauce gleichmäßig daraufgeben. Restlichen Parmesan daraufstreuen.

11 Die Form auf dem Rost im unteren Drittel in den vorgeheizten Backofen schieben. Die Cannelloni etwa **30 Minuten garen.**

12 Tomaten abspülen, trocken tupfen, entstielen, halbieren und die Stängelansätze herausschneiden. Die beiseitegelegten Salbeistängel, Tomatenhälften und Oliven auf die Cannelloni legen. Die Cannelloni mit grob gemahlenem Pfeffer bestreuen und bei gleicher Backofeneinstellung **weitere 10–15 Minuten garen.**

Gemüse unter der Kartoffelhaube

4 Portionen | Pro Portion: E: **20** g, F: **38** g, Kh: **37** g, kJ: **2449**, kcal: **585**, BE: **3,0**

- 1 kg mehligkochende Kartoffeln
- 1 TL Salz
- 250 g Porree (Lauch)
- 250 g Auberginen
- 250 g Zucchini
- 125 ml heiße Milch (1,5 % Fett)
- 150 g Schlagsahne
- ger. Muskatnuss
- 3 EL Butter oder Margarine (30 g)
- gem. Pfeffer
- 2 EL gehackte, glatte Petersilie
- 150 g ger. mittelalter Gouda oder Emmentaler
- etwa 3 EL Sonnenblumenkerne

1 Die Kartoffeln schälen, abspülen, abtropfen lassen und in Stücke schneiden, in einem Topf knapp mit Wasser bedeckt zum Kochen bringen. Salz hinzufügen. Die Kartoffeln zugedeckt 20–25 Minuten garen.

2 Inzwischen Porree putzen, die Stangen längs halbieren, gründlich abspülen, abtropfen lassen und in Streifen schneiden.

3 Auberginen und Zucchini abspülen, abtrocknen, die Stängelansätze und Enden abschneiden. Auberginen und Zucchini in Scheiben schneiden.

4 Den Backofen vorheizen. Ober-/Unterhitze: etwa 200 °C, Heißluft: etwa 180 °C.

5 Die gegarten Kartoffeln abgießen, abdämpfen und sofort durch eine Kartoffelpresse drücken oder mit einem Kartoffelstampfer zerdrücken. Die Kartoffelmasse mit Milch und Sahne verrühren. Masse mit Salz und Muskat würzen.

6 Butter oder Margarine in einer Pfanne zerlassen. Das vorbereitete Gemüse darin 1–2 Minuten unter Rühren dünsten. Gemüse mit Salz und Pfeffer würzen.

7 Das Gemüse in eine große Auflaufform (gefettet) geben und mit Petersilie bestreuen. Die Hälfte des Käses daraufstreuen. Die Kartoffelmasse darauf verteilen, mit restlichem Käse und Sonnenblumenkernen bestreuen.

8 Die Form auf dem Rost in den vorgeheizten Backofen schieben. Den Auflauf **etwa 45 Minuten garen.**

Tipps: Für einen Auflauf mit Möhren statt der Auberginen Möhren verwenden. Die Möhren putzen, schälen, abspülen, abtropfen lassen und in Scheiben schneiden. Die Möhrenscheiben in dem zerlassenen Fett zugedeckt etwa 2 Minuten bei schwacher Hitze dünsten, erst dann das übrige Gemüse zufügen. Gemüse wie im Rezept beschrieben zubereiten und in die Auflaufform geben. Gouda oder Emmentaler durch Comté-Käse ersetzen.

Zubereitungszeit: **45 Minuten** | Garzeit: **25–30 Minuten**

VEGAN

Wirsinglasagne mit Zwiebel-Nuss-Kruste

4 Portionen | Pro Portion: E: **21** g, F: **41** g, Kh: **57** g, kJ: **2870**, kcal: **687**, BE: **4,5**

Für die Lasagne:
1 kg junger Wirsing
70 g getrocknete Tomaten, in Öl eingelegt

Für die Sauce:
100 ml vegane Gemüsebrühe (z. B. Instant)
500 ml Sojamilch (Soja-Drink oder z. B. Mandel- oder Reis-Drink)
200 ml Soja-Kochcreme
1 Schalotte
45 g vegane Margarine
2 TL Tomatenmark
40 g Weizenmehl
Salz, gem. Pfeffer
ger. Muskatnuss
9 vegane Lasagneplatten (ohne Vorkochen, etwa 165 g)

Für die Kruste:
25 g kernige Haferflocken
30 g Haselnusskerne
2 mittelgroße Zwiebeln
40 g vegane Margarine

1 Für die Lasagne Wirsing putzen, evtl. äußere, welke Blätter entfernen. Den Kohl vierteln, abspülen, abtropfen lassen und jeweils den Strunk herausschneiden. Kohl in feine Streifen schneiden. Tomaten abtropfen lassen, dabei das Öl auffangen und 2 Esslöffel abmessen. Tomaten in feine Streifen schneiden.

2 Das aufgefangene Öl von den Tomaten in einer großen Pfanne erhitzen. Die Wirsingstreifen evtl. in 2 Portionen hinzugeben, mit Salz und Pfeffer würzen und unter Rühren etwa 3 Minuten andünsten. Tomatenstreifen hinzugeben und unterrühren.

3 Für die Sauce die Brühe, Sojamilch und Soja-Kochcreme verrühren. 150 ml der Brühemischung abmessen und zum Wirsing in die Pfanne geben. Das Ganze 8–10 Minuten zugedeckt dünsten, bis der Wirsing um etwa die Hälfte zusammengefallen ist, dabei gelegentlich umrühren.

4 Inzwischen Schalotte abziehen, fein würfeln. Margarine in einem Topf zerlassen. Schalottenwürfel darin unter Rühren glasig andünsten. Tomatenmark unterrühren. Mehl daraufstäuben, unterrühren. Restliche Brühemischung hinzugießen, mit einem Schneebesen durchschlagen, dabei darauf achten, dass keine Klümpchen entstehen. Sauce aufkochen, etwa 3 Minuten köcheln lassen, mit Salz, Pfeffer und Muskat würzen.

5 Den Backofen vorheizen. Ober-/Unterhitze: etwa 180 °C, Heißluft: etwa 160 °C.

6 Den Boden einer großen, rechteckigen Auflaufform dünn mit einer Schicht Sauce bestreichen, darauf eine Schicht Lasagneplatten legen. Darauf etwa die Hälfte vom Wirsinggemüse verteilen. Darauf nacheinander wieder Sauce, Lasagneplatten und Wirsing so einschichten, dass die oberste Lasagneschicht mit Sauce bedeckt ist.

7 Für die Kruste Haferflocken und Nüsse in einer Pfanne ohne Fett rösten, bis sie zu duften anfangen. Die Haferflocken-Nuss-Mischung auf einen Teller geben.

8 Zwiebeln abziehen und in feine Scheiben schneiden, dann in Ringe teilen. Margarine in der Pfanne zerlassen. Die Zwiebelringe darin glasig dünsten. Haferflocken-Nuss-Mischung hinzugeben und unterrühren. Die Mischung auf der Lasagne verteilen.

9 Die Form auf dem Rost in den vorgeheizten Backofen schieben. Die Lasagne **25–30 Minuten garen.**

Tipps: Die Lasagne schmeckt auch mit feinem Spitzkohl ganz köstlich. Beachten Sie bitte die Garzeiten der Lasagneplatten. Je nach Hersteller unterscheiden sich die Zubereitungszeiten der vorgegarten Lasagneplatten um bis zu 10 Minuten.

Zubereitungszeit: **35 Minuten** | Garzeit: etwa **20 Minuten**

Spinat-Spätzle-Auflauf

4 Portionen | Pro Portion: E: **31** g, F: **25** g, Kh: **77** g, kJ: **2806**, kcal: **666**, BE: **6,0**

4 l Wasser
4 gestr. TL Salz
400 g getrocknete Spätzle

1 kg Blattspinat
1 Zwiebel

1 EL Olivenöl
1–2 EL Crème légère mit Kräutern
Salz
gem. Pfeffer
ger. Muskatnuss

150 g Butterkäse

2 rote Zwiebeln
2 EL Olivenöl
2 EL Sonnenblumenkerne

1 Das Wasser in einem großen Topf zugedeckt zum Kochen bringen. Dann Salz und Spätzle zugeben. Die Spätzle im geöffneten Topf bei mittlerer Hitze nach Packungsanleitung knapp bissfest kochen, dabei gelegentlich umrühren. Die Spätzle in ein Sieb geben, mit heißem Wasser abspülen und abtropfen lassen.

2 In der Zwischenzeit den Blattspinat verlesen, dicke Stiele entfernen. Den Spinat gründlich waschen und in einem Sieb abtropfen lassen. Zwiebel abziehen und in feine Würfel schneiden.

3 Das Olivenöl in einer großen Pfanne erhitzen. Die Zwiebelwürfel darin andünsten. Die Spinatblätter hinzufügen und unter gelegentlichem Rühren zusammenfallen lassen. Crème légère unterrühren. Den Spinat mit Salz, Pfeffer und Muskat abschmecken.

4 Käse in kleine Würfel schneiden. Zwiebeln abziehen, halbieren, in Scheiben schneiden. Olivenöl in einer Pfanne erhitzen. Die Zwiebelscheiben unter gelegentlichem Rühren darin anbraten.

5 Den Backofen vorheizen. Ober-/Unterhitze: etwa 200 °C, Heißluft: etwa 180 °C.

6 Zuerst die Spätzle, dann ein Drittel von dem Käse und den Zwiebeln und zuletzt den Spinat in eine große Auflaufform (gefettet) geben. Die restlichen Käsewürfel mit den Zwiebelscheiben mischen und darauf verteilen. Die Sonnenblumenkerne daraufstreuen.

7 Die Form auf dem Rost in den vorgeheizten Backofen schieben. Den Auflauf **etwa 20 Minuten garen**.

VEGAN

Alpiner Kraut-Nudel-Auflauf

4 Portionen | Pro Portion: E: **21** g, F: **41** g, Kh: **59** g, kJ: **3026**, kcal: **725**, BE: **5,0**

2 ½ l Wasser
2 ½ gestr. TL Salz
250 g vegane Hartweizen-Bandnudeln (ohne Ei)

150 g rote Zwiebeln
500 g Weißkohl
200 g Hokkaido-Kürbis

5 Wacholderbeeren
5 EL Sonnenblumenöl
2 EL Paprikapulver edelsüß
1 EL Zucker
½ EL Kümmelsamen
1 TL gerebelter Majoran
200 ml veganer Weißwein
gem. Pfeffer

300 ml vegane Gemüsebrühe
300 ml Sojasahne

100 g ger. veganer Käse

30 g Kürbiskerne
½ Bund Dill

1 Wasser in einem großen Topf zugedeckt zum Kochen bringen. Dann Salz und Nudeln hinzugeben. Die Nudeln im geöffneten Topf bei mittlerer Hitze nach Packungsanleitung knapp bissfest kochen, dabei gelegentlich umrühren. Die Nudeln in ein Sieb geben und abtropfen lassen.

2 Die Zwiebeln abziehen, halbieren und in Streifen schneiden. Weißkohl putzen, abspülen und abtropfen lassen. Weißkohl in etwa ½ cm dicke Streifen schneiden, dabei die dicken Blattrippen herausschneiden.

3 Kürbis abspülen und abtropfen lassen. Die Kerne und den faserigen Innenteil entfernen. Kürbis grob reiben. Die Wacholderbeeren grob zerdrücken.

4 Das Sonnenblumenöl in einem weiten Topf erhitzen. Die Kohlstreifen hinzugeben und unter gelegentlichem Rühren kräftig andünsten. Paprikapulver, Zucker, Wacholder, Kümmel und Majoran unterrühren. Weißwein hinzugießen und ganz einkochen lassen.

5 Den Kohl mit Salz und Pfeffer würzen. Die Gemüsebrühe nach und nach hinzugießen. Den Kohl zugedeckt bei mittlerer Hitze etwa 15 Minuten garen. Dann die Kürbisraspel unterrühren. Die Sahne hinzugießen. Das Ganze einmal kurz aufkochen lassen.

6 Inzwischen den Backofen vorheizen. Ober-/Unterhitze: etwa 180 °C, Heißluft: etwa 160 °C.

7 Die Nudeln mit dem Kohlgemüse in einer großen Auflaufform (gefettet) mischen und evtl. nachwürzen. Den Auflauf mit dem „Käse“ bestreuen.

8 Die Form auf dem Rost in den vorgeheizten Backofen schieben. Den Auflauf **etwa 15 Minuten garen**. Dann die Kürbiskerne auf den Auflauf streuen. Den Auflauf **weitere etwa 10 Minuten garen.**

9 Zum Servieren den Dill abspülen, abtropfen lassen und die Spitzen von den Stängeln zupfen. Die Dillspitzen grob schneiden und auf den Auflauf streuen.

Rote-Bete-Auflauf mit Kartoffelpüree-Walnuss-Haube

4 Portionen | Pro Portion: E: **12** g, F: **49** g, Kh: **29** g, kJ: **2556**, kcal: **610**, BE: **2,5**

Für das Kartoffelpüree:
500 g mehligkochende Kartoffeln
Salz
etwa 125 ml heiße Milch (3,5 % Fett)
2 ½ EL Butter (25 g)
ger. Muskatnuss

1 kleines Bund frischer Salbei
4 EL Butter (40 g)
500 g gegarte, abgetropfte Rote Bete (geschält, vakuumverpackt)
gem. Pfeffer

50–75 g milder Gorgonzola
75 g Schlagsahne
75 g Walnusskernhälften

1 Für das Kartoffelpüree die Kartoffeln schälen, abspülen, abtropfen lassen und in Stücke schneiden. Die Kartoffelstücke knapp mit Wasser bedeckt zugedeckt zum Kochen bringen. Salz hinzufügen und die Kartoffeln in 15–20 Minuten gar kochen.

2 Die Kartoffeln abgießen und sofort mit einem Stampfer zerdrücken. Die heiße Milch nach und nach unter die Kartoffelmasse rühren (je nach Beschaffenheit der Kartoffeln kann die Milchmenge etwas variieren).

3 Das Püree bei schwacher Hitze mit einem Schneebesen rühren, bis eine lockere, einheitliche Masse entstanden ist. Die Butter unterrühren. Das Püree mit wenig Salz und Muskat abschmecken.

4 Den Backofen vorheizen. Ober-/Unterhitze: etwa 220 °C, Heißluft: etwa 200 °C.

5 Salbei abspülen, trocken tupfen. Die Blättchen von den Stängeln zupfen. Butter in einer Pfanne zerlassen. Die Salbeiblättchen darin bei mittlerer Hitze anbraten, beiseitestellen.

6 Rote Bete in Viertel oder Achtel schneiden und in einer großen Auflaufform (gefettet) verteilen. Rote Bete mit Pfeffer und etwas Salz würzen. Einige angebratene Salbeiblättchen darauf verteilen. Käse fein zerbröckeln und daraufstreuen. Sahne hinzugießen.

7 Die Form auf dem Rost in den vorgeheizten Backofen schieben. Das Ganze **etwa 10 Minuten vorgaren.** Die Walnusskerne grob hacken.

8 Die Form auf einen Kuchenrost stellen. Das Kartoffelpüree in Klecksen auf den vorgegarten Rote-Bete-Stücken verteilen. Walnusskerne daraufstreuen. Restliche Salbei-Blätter-Butter darauf verteilen.

9 Die Form wieder in den Backofen schieben. Den Auflauf bei gleicher Backofeneinstellung **weitere etwa 10 Minuten garen.**

Spinatlasagne mit Gorgonzola-Béchamelsauce

4 Portionen | Pro Portion: E: **37** g, F: **50** g, Kh: **49** g, kJ: **3362**, kcal: **803**, BE: **4,0**

Für die Sauce:
1 Knoblauchzehe
30 g Butter
20 g Weizenmehl
600 ml Milch (1,5 % Fett)
Salz
gem. Pfeffer
200 g Gorgonzola

1 kg Blattspinat
Salzwasser

100 g Zwiebeln
½–1 rote Chilischote
100 g abgetropfte schwarze Kalamata-Oliven
30 g Butter

50 g Pinienkerne
25 g Sultaninen

9 Lasagneplatten (ohne Vorkochen, etwa 165 g)

8–10 Salbeiblätter
75–100 g ger. Parmesan

1 Für die Sauce Knoblauch abziehen und durch eine Knoblauchpresse drücken. Die Butter in einem Topf zerlassen und den Knoblauch hinzugeben. Das Mehl daraufstäuben und unterrühren.

2 Zuerst etwa 150 ml der Milch hinzugießen, mit einem Schneebesen durchschlagen, dabei darauf achten, dass keine Klümpchen entstehen. Dann die restliche Milch unterrühren. Die Sauce mit Salz und Pfeffer würzen, etwa 30 Minuten bei schwacher Hitze köcheln lassen, dabei gelegentlich umrühren. Dann den Gorgonzola zerbröseln und in der Sauce schmelzen lasen.

3 Inzwischen den Spinat verlesen, putzen, gründlich abspülen und gut abtropfen lassen. Salzwasser in einem großen Topf zum Kochen bringen. Die Spinatblätter darin etwa 2 Minuten blanchieren, dann mit kaltem Wasser abschrecken, abtropfen lassen und gut ausdrücken.

4 Die Zwiebeln abziehen und fein würfeln. Chilischote entstielen, abspülen, abtropfen lassen und mit den Kernen fein hacken. Die Oliven entsteinen und einmal durchschneiden.

5 Die Butter in einer Pfanne zerlassen. Die Zwiebelwürfel und Pinienkerne darin goldbraun anbraten. Chili, Oliven und Sultaninen unterrühren und kurz mitdünsten. Die Mischung mit dem blanchiertem Spinat mischen, mit Salz und Pfeffer würzen.

6 Den Backofen vorheizen. Ober-/Unterhitze: etwa 180 °C, Heißluft: etwa 160 °C.

7 Eine große, rechteckige Auflaufform (mit Backpapier ausgelegt oder gut gefettet) mit 3 Lasagneplatten auslegen. Zuerst etwas Spinat, dann etwas Béchamelsauce darauf verteilen. Darauf nacheinander wieder Lasagneplatten, Spinat und Sauce so einschichten, dass die oberste Lasagneschicht mit Sauce bedeckt ist.

8 Salbei abspülen, trocken tupfen, fein schneiden und mit dem Parmesan auf die Lasagne streuen.

9 Die Form auf dem Rost in den vorgeheizten Backofen schieben. Die Lasagne **35–40 Minuten garen.**

Zubereitungszeit: **50 Minuten, ohne Abkühl- und Ruhezeit** | Garzeit: etwa **20 Minuten**

Pestognocchi-Gemüse-Auflauf

4 Portionen | Pro Portion: E: **23** g, F: **30** g, Kh: **72** g, kJ: **2750**, kcal: **656**, BE: **6,0**

750 g mehligkochende Kartoffeln
1 TL Salz
30 g Pinienkerne
25 g getrocknete Tomaten
etwa 3 TL rotes oder grünes Pesto (aus dem Glas)

etwa 125 g Weizenmehl
75–100 g Hartweizengrieß
½ TL Salz
500 g gedünstetes Gemüse (z. B. Brokkoli, Tomaten, Champignons, grüner Spargel)

150 g Schlagsahne
125 g ger. Gratin-Käse

1 Die Kartoffeln gründlich waschen, in einen Topf geben, knapp mit Wasser bedeckt zum Kochen bringen. Das Salz hinzugeben. Die Kartoffeln zugedeckt in 20–25 Minuten gar kochen.

2 Inzwischen die Pinienkerne grob hacken, in einer Pfanne ohne Fett rösten und dann auf einen Teller geben. Die getrockneten Tomaten sehr fein würfeln oder im Blitzhacker fein hacken.

3 Die Kartoffeln abgießen, kurz abdampfen, pellen und sofort durch eine Kartoffelpresse drücken oder fein zerstampfen. Pesto, Pinienkerne und Tomaten untermischen. Püree etwas abkühlen lassen.

4 Mehl, Grieß und Salz zum Püree geben, alles zuerst mit einem Mixer (Knethaken) durchkneten, dann mit den Händen zu einem glatten Teig verkneten. (Sollte der Teig zu weich sein, noch etwas Grieß hinzufügen.)

5 Den Kartoffelteig zu länglichen, etwa fingerdicken Rollen formen, diese in 3–4 cm lange Stücke schneiden. Dünn mit Mehl bestäuben und mit einer Gabel Rillen in die Gnocchi drücken. Gnocchi auf einem leicht bemehlten Küchentuch verteilen und mindestens 1 Stunde ruhen lassen.

6 Den Backofen vorheizen. Ober-/Unterhitze: etwa 200 °C, Heißluft: etwa 180 °C.

7 Reichlich Wasser in einem weiten Topf aufkochen und 1 Teelöffel Salz hinzugeben. Gnocchi portionsweise in das kochende Wasser gleiten lassen, einmal kurz aufkochen lassen, sodass die Gnocchi an die Wasseroberfläche steigen. Dann die Temperatur reduzieren und die Gnocchi bei schwacher Hitze etwa 4 Minuten ziehen lassen.

8 Die Gnocchi mit einem Schaumkelle herausheben, gut abtropfen lassen und mit dem Gemüse in eine große Auflaufform (gefettet) geben. Erst die Sahne und dann den Käse darauf verteilen. Die Form auf dem Rost in den vorgeheizten Backofen schieben. Den Auflauf **etwa 20 Minuten garen.**

Tipp: Schneller geht es wenn Sie 400 g fertige Gnocchi (aus dem Kühlregal) verwenden.

Zubereitungszeit: **10 Minuten** | Garzeit: **25–30 Minuten**

Tortellini-Auflauf mit Daikonkresse

4 Portionen | Pro Portion: E: **20** g, F: **32** g, Kh: **43** g, kJ: **2293**, kcal: **547**, BE: **3,5**

500 g vegetarische Tortellini (aus dem Kühlregal)
Salz-Wasser
2 Fleischtomaten

2 EL Butter (20 g)
1 Ei (Größe M)
150 g Schlagsahne
gem. Pfeffer

75 g ger. Parmesan oder Pecorino
2 Kästchen Daikonkresse

1 Die Tortellini in kochendem Salzwasser nach Packungsanleitung knapp bissfest kochen. Tortellini in ein Sieb geben, mit kaltem Wasser abspülen und abtropfen lassen.

2 Tomaten abspülen, abtrocknen, halbieren, entkernen und die Stängelansätze herausschneiden. Tomatenhälften in Würfel schneiden.

3 Den Backofen vorheizen. Ober-/Unterhitze: etwa 200 °C, Heißluft: etwa 180 °C.

4 Die Tortellini in einer großen Auflaufform (gefettet) verteilen. Die Butter in Flöckchen daraufsetzen.

5 Ei mit Sahne verschlagen. Die Tortellini damit übergießen. Die Tomatenwürfel darauf verteilen, mit Salz und Pfeffer würzen. Den Käse daraufstreuen.

6 Die Form auf dem Rost in den vorgeheizten Backofen schieben. Den Auflauf **25–30 Minuten garen.**

7 In der Zwischenzeit Daikonkresse abspülen, trocken tupfen und abschneiden. Tortellini-Auflauf mit Daikonkresse bestreut servieren.

Tipp: Sie können auch vegetarisch gefüllte Ravioli statt Tortellini verwenden.

Dicke-Bohnen-Kartoffel-Auflauf

4 Portionen | Pro Portion: E: **18** g, F: **31** g, Kh: **40** g, kJ: **2179**, kcal: **521**, BE: **3,0**

600 g festkochende Kartoffeln
250 g Frühlingszwiebeln
Salz

etwa 400 g dicke Bohnenkerne (frisch, TK oder abgetropfte aus dem Glas)
1 Bund glatte Petersilie

250 g Schlagsahne
200 g saure Sahne
3 Eier (Größe M)
gem. Pfeffer

1 Kartoffeln schälen, abspülen, abtropfen lassen und in kleine Würfel schneiden. Die Frühlingszwiebeln putzen, abspülen, abtropfen lassen und in Stücke schneiden.

2 Salzwasser in einem Topf zum Kochen bringen. Darin nacheinander frische oder TK-Bohnenkerne etwa 15 Minuten, die Kartoffelwürfel etwa 5 Minuten garen. Die Bohnenkerne und die Kartoffelwürfel in einem Sieb abtropfen lassen.

3 Die Petersilie abspülen, trocken tupfen und die Blättchen von den Stängeln zupfen. Einige Blättchen zum Garnieren beiseitelegen. Restliche Blättchen klein schneiden.

4 Den Backofen vorheizen. Ober-/Unterhitze: etwa 180 °C, Heißluft: etwa 160 °C.

5 Bohnen, Kartoffelwürfel, Zwiebelstücke und gehackte Petersilie in einer großen Auflaufform (gefettet) mischen. Beide Sahnesorten mit den Eiern verschlagen, mit Salz und Pfeffer würzen. Eiersahne auf das Gemüse gießen.

6 Die Form auf dem Rost in den vorgeheizten Backofen schieben. Den Auflauf **50–60 Minuten garen.**

7 Den Dicke-Bohnen-Kartoffel-Auflauf mit den beiseitegelegten Petersilienblättchen garniert servieren.

Beilage: Reichen Sie zum Auflauf einen **schnellen Tomatensalat.** Dafür etwa 750 g Tomaten abspülen, abtrocknen, in Scheiben schneiden, dabei die Stängelansätze herausschneiden. Die Tomatenscheiben evtl. nochmals halbieren und in eine Schüssel geben. Für die Sauce 1 Zwiebel abziehen und fein würfeln. 1 Esslöffel Kräuter- oder Balsamico-Essig mit etwas Salz, Pfeffer und Zucker verrühren, dann 2–3 Esslöffel Olivenöl unterschlagen. Die Salatsauce mit den Tomatenscheiben mischen und etwa 10 Minuten durchziehen lassen. Nach Belieben noch einige Basilikumblättchen abspülen, trocken tupfen, klein schneiden und unter den Salat geben.

Ratgeber

Aufläufe sind das perfekte Essen für Familie und Gäste. Sie lassen sich ganz in Ruhe vorbereiten und garen dann in Backofen vor sich hin. Damit es noch besser und einfacher wird, sind hier noch Tipps und Hinweise zur Vor- und Zubereitung zusammengestellt.

Die Formen

Die meisten Rezepte in diesem Buch sind für 4 Personen, für die Sie eine etwa 20 x 30 cm große, nicht zu tiefe Form benötigen. Sie sollte einen Inhalt von etwa 2¼ –2½ l aufnehmen können. Ein mittelhoher Rand (4–6 cm) ist ideal. Bei Auflaufformen mit abweichender Grundfläche kann sich die Garzeit verändern.

Auflaufformen gibt es rund, oval und eckig und aus Glas, Porzellan oder Steingut. Wichtig ist nur, dass sie backofenfest (hitzebeständig) sind.

Aufläufe werden in der Regel ohne Deckel gegart, damit die Oberfläche appetitlich bräunt.

Die Saucen

Typische Saucen für Aufläufe sind: Béchamelsauce, Eiermilch oder Eiersahne, aber auch Tomaten- oder Gemüsesaucen. Béchamelsauce eignet sich z. B. für Aufläufe mit Kartoffeln und Nudeln, die noch Flüssigkeiten aufnehmen können. Eiermilch oder Eiersahne sind gut geeignet, um dem Auflauf Festigkeit (Bindung) zu geben. Gemüsesaucen fallen oft beim Vorgaren der Zutaten an und können wie auch Tomatensaucen in Verbindung mit Crème fraîche, Schmand oder Käsezubereitungen zum Einsatz kommen.

Tipp: **Leichter servieren lassen sich die Aufläufe, wenn sie nach dem Garen noch etwa 5 Minuten stehen können, um sich zu „festigen".**

Die Vorbereitung

Hektik kurz vor dem Eintreffen der Gäste oder der Familie muss nicht sein. Die meisten Aufläufe können vorbereitet und zugedeckt kalt gestellt werden. Dafür die Zutaten wie im Rezept vorbereiten und ohne Sauce in die Form geben oder einschichten. Die Sauce vorbereiten, separat zugedeckt kalt stellen und erst direkt vor dem Garen auf dem Auflauf verteilen. Die Garzeiten können sich dann durch das Kaltstellen um etwa 5 Minuten verlängern.

Achtung: **Béchamelsaucen können nicht vorbereitet werden, da sie beim Auskühlen andicken.**

Der Zutaten-Mix

Aufläufe leben von ihren apetitlichen Krusten. Besonders beliebt zum Überbacken sind die verschiedensten Käsesorten, je höher der Fettgehalt, um so besser schmelzen sie.
Besonders aromatisch ist die Auflaufkruste, wenn der Käse frisch gerieben wird.

Um Fett zu sparen, können Sie etwa die Hälfte des Käses durch Semmelbrösel ersetzen.

Zusätzlichen Geschmack und Abwechslung bringen gehackte Nusskerne, Sesamsamen, Sonnenblumenkerne und Kräuter.

Für vegane Aufläufe ersetzen Sie Milch, Sahne & Co. durch vegane Ersatzprodukte, die mittlerweile in einer großen Vielzahl angeboten werden. Abwechslung bringen z. B. Hafersahne, Soja-Kochcreme und veganer Mozzarella-Streu.

Gemüse, Getreide, Hülsenfrüchte, Kartoffeln und Nudeln sollten knapp bissfest vorgegart oder blanchiert werden, damit die Garzeiten nicht zu lang werden. So sind die Zutaten nach der Garzeit nicht verkocht oder noch zu hart und ergeben mit der Sauce die optimale Auflaufkonsistenz.

Kleine Pannenhilfe

Da jeder Backofen unterschiedlich stark gart, kann es sein, dass der Auflauf schon vor dem angegebenen Garzeitende gebräunt ist.
In diesem Fall den Auflauf einfach mit einem doppelten Bogen Backpapier zudecken und so zu Ende garen.

Sollten die Eiermilch oder die Eiersahne nach Beendigung der Garzeit noch nicht fest sein, den Auflauf ebenfalls mit einem doppelten Bogen Backpapier zudecken und bei leicht reduzierter Gartemperatur so lange weitergaren, bis die Masse gestockt ist.

Alphabetisches Register

● = vegan

Allgemeine Hinweise

Abkürzungen

EL	=	Esslöffel
TL	=	Teelöffel
Msp.	=	Messerspitze
Pck.	=	Packung/Päckchen
g	=	Gramm
kg	=	Kilogramm
ml	=	Milliliter
l	=	Liter
evtl.	=	eventuell
geh.	=	gehäuft
gem.	=	gemahlen
ger.	=	gerieben
gestr.	=	gestrichen
TK	=	Tiefkühlprodukt
°C	=	Grad Celsius
Ø	=	Durchmesser

Kalorien-/ Nährwertangaben

E	=	Eiweiß
F	=	Fett
Kh	=	Kohlenhydrate
kJ	=	Kilojoule
kcal	=	Kilokalorien
BE	=	Broteinheiten

Bei den Nährwertangaben in den Rezepten handelt es sich um auf- bzw. abgerundete Werte. Lediglich die Broteinheiten werden mit einer Stelle nach dem Komma ausgewiesen. Aufgrund von ständigen Rohstoffschwankungen und/oder Rezepturveränderungen bei Lebensmitteln kann es zu Abweichungen kommen. Die Nährwertangaben dienen daher lediglich Ihrer Orientierung und eignen sich nur bedingt für die Berechnung eines Diätplans, zum Beispiel bei Krankheiten wie Diabetes. Bei krankheitsbedingten Diäten richten Sie sich daher bitte nach den Anweisungen Ihres Diätassistenten bzw. Ihres Arztes.

Allgemeine Hinweise zu den Rezepten

Lesen Sie bitte vor der Zubereitung, besser noch vor dem Einkaufen, das Rezept einmal vollständig durch. Oft werden Arbeitsabläufe oder -zusammenhänge dann klarer.

Zutatenliste und Arbeitsschritte

Die Zutaten sind in der Reihenfolge ihrer Verarbeitung aufgeführt. Die Arbeitsschritte sind einzeln hervorgehoben, in der Reihenfolge, in der wir sie ausprobiert haben.

Zubereitungszeiten

Die Zubereitungszeit ist ein Anhaltswert für die Dauer der Vorbereitung und die eigentliche Zubereitung. Sie variiert je nach Geschick und Übung. Längere Wartezeiten wie Kühl- oder Abkühlzeiten, Auftau- und Durchziehzeiten sind, sofern parallel keine weitere Tätigkeit erfolgt, nicht in der Zubereitungszeit enthalten. Die Garzeiten werden in der Regel gesondert ausgewiesen.

Backofeneinstellung und Garzeiten

Die in den Rezepten angegebenen Gartemperaturen und -zeiten sind Richtwerte, die je nach individueller Hitzeleistung Ihres Backofens über- oder unterschritten werden können. Die Temperaturangaben in diesem Buch beziehen sich auf Elektrobacköfen. Die Temperatureinstellungsmöglichkeiten für Gasbacköfen variieren je nach Hersteller, sodass wir keine allgemeingültigen Angaben machen können. Bitte beachten Sie deshalb bei der Einstellung des Backofens die Gebrauchsanleitung des Herstellers. Ein Backofenthermometer eignet sich dabei gut, um die Backofentemperatur im Blick zu haben.

Einschubhöhe

Die Einschubhöhe für die Aufläufe ist immer dann die Mitte des Backofens, wenn nichts anderes angegeben ist. Abweichungen sind möglich und von der Ausführung Ihres Backofens abhängig (Herstellerangaben beachten).

Unser Ratgeber- und Servicetelefon

Wünsche und Anregungen sind uns willkommen! Haben Sie Fragen? Benötigen Sie Hilfe bei der Zubereitung der Rezepte oder möchten Sie uns etwas mitteilen? Die Mitarbeiter des Dr. Oetker Verlages und des Verbraucherservices der Dr. Oetker Versuchsküche beantworten Ihre Fragen gern.

Versuchsküche: Tel. 0 08 00 71 72 73 74
Mo.–Fr. 8:00–18:00 Uhr
(gebührenfrei in Deutschland)

Dr. Oetker Verlag: Tel. +49 (0) 521 5206 45
Mo.–Fr. 9:00–15:00 Uhr

Dr. Oetker Verlag KG, Am Bach 11, 33602 Bielefeld, www.oetker-verlag.de
www.facebook.com/Dr. OetkerVerlag www.oetker.de

Umwelthinweis Dieses Buch und der Einband wurden auf FSC®-zertifiziertem, chlorfrei gebleichtem Papier gedruckt.
Die Einschrumpffolie – zum Schutz vor Verschmutzung – ist aus umweltfreundlichem und recyclingfähigem PE-Material.

MIX
Papier aus verantwortungsvollen Quellen
FSC www.fsc.org FSC® C004592

Redaktion Andrea Gloß

Texte und Ratgeber Klaus Schäfer, Bonn

Titelfoto Thomas Diercks, Hamburg

Innenfotos Thomas Diercks, Hamburg (S. 13, 21, 25, 35, 101, 107, 115, 121, 123)
Eising Studio Food Photo & Video, München (S. 17, 124, 125)
Ulli Hartmann, Halle/Westf. (S. 31, 33, 63, 99, 119)
Janne Peters, Hamburg (S. 4/5, 8–11, 15, 19, 23, 29, 39, 43, 48–55, 59, 61, 65, 69, 71, 75, 77, 81–89, 97, 103, 105, 109, 113, 117)
Antje Plewinski, Berlin (S. 45, 79, 93, 95, 111, 124, 125)
Hans-Joachim Schmidt, Hamburg (S. 27, 37, 41, 47, 57, 67, 73, 91)

Rezeptentwicklung und -beratung Michaela Pfeiffer, Hamburg
Susanne Raht, Hamburg

Foodstyling Michaela Pfeiffer, Hamburg (S. 8–11, 15, 19, 23, 29, 39, 43, 50–55, 59, 61, 65, 69, 71, 75, 77, 81–85, 89, 97, 103, 105, 109, 113, 117)

Nährwertberechnungen Nutri Service, Hennef

Titelgestaltung küstenwerber, Hamburg
Grafisches Konzept küstenwerber, Hamburg
Gestaltung und Satz MDH Haselhorst, Bielefeld
Reproduktionen Longo AG, Bozen, Italien
Druck und Bindung Firmengruppe APPL, aprinta druck, Wemding

ISBN: 978-3-7670-0668-3